Volker Kitz
Du machst, was ich will

VOLKER KITZ

DU MACHST, WAS ICH WILL

Wie Sie bekommen, was Sie wollen –
ein Ex-Lobbyist verrät die besten Tricks

Die in diesem Buch beschriebenen Ereignisse beruhen auf wahren Begebenheiten. Zum Schutz der handelnden Personen sind die Schilderungen manchmal verdichtet und verfremdet. Trotzdem wird Sie dieses Buch der Realität näherbringen als alles, was Sie bisher über Lobbyisten gehört und gelesen haben.

MIX
Papier aus verantwortungsvollen Quellen
FSC® C014496

Verlagsgruppe Random House FSC® N001967
Das für dieses Buch verwendete FSC®-zertifizierte Papier
EOS liefert Salzer Papier, St. Pölten, Austria.

2. Auflage
© 2013 Dr. Volker Kitz
© 2013 Ariston Verlag in der Verlagsgruppe Random House GmbH

Satz & Layout: EDV-Fotosatz Huber/
Verlagsservice G. Pfeifer, Germering
Umschlaggestaltung: Nele Schütz Design
unter Verwendung eines Fotos von Kay Blaschke
Druck und Bindung: GGP Media GmbH, Pößneck
Printed in Germany

ISBN: 978-3-424-20082-9

INHALT

SIND SIE SO MÄCHTIG
WIE EIN LOBBYIST?

Lobbyisten sind »mächtige Strippenzieher« – das hören wir ja in der Öffentlichkeit immer wieder. Für ihre Auftraggeber erreichen sie Gesetzesänderungen und politische Vorteile. Ihr Wille wird meist Wirklichkeit. Wie sie das machen, bleibt nebulös – es liegt eben an ihrer »Macht«.

Haben Sie sich schon einmal gefragt, welche Macht genau das sein soll?

Manche meinen, Lobbyisten operierten hauptsächlich mit Geldkoffern in dunklen Hinterzimmern. Das stimmt schon deswegen nicht, weil kein Unternehmen das Geld übrig hat, um es in solche Koffer zu stecken.

Da Politiker ganz normale Menschen sind, geht es bei der Lobbyarbeit um das Gleiche wie in unserem Alltag auch: um menschliche Beziehungen.

Erfolgreiche Lobbyisten nutzen psychologische Effekte – Effekte, die jeder andere genauso einsetzen kann, privat und beruflich. Mit diesen Effekten können Sie bekommen, was Sie wollen: eine Gehaltserhöhung, dass Ihre Nachbarn Ihnen beim Umzug helfen, dass Ihre Kinder ihre Zimmer aufräumen. Oder was Ihnen sonst gerade so vorschwebt. Ich selbst habe mich erst kürzlich bei einer Wohnungsbesichtigung gegen 70 Mitbewerber durchgesetzt, ganz ohne Makler – mit einer Kombination aus verschiedenen Strategien, die ich bei meiner Arbeit als Lobbyist gelernt habe. Ich bin immer wieder selbst erstaunt darüber, wie zuverlässig alle Menschen nach exakt denselben Regeln ticken. Mir selbst geht es ja nicht anders.

Das ist die wahre »Macht« der Lobbyisten.

Und diese Macht steckt in uns allen.

Diese Macht hat nichts mit einseitigen Manipulationsversuchen zu tun – die funktionieren nie. Erfolgreich ist immer nur eine Lösung, die beiden Seiten hilft. Dahin führen allerdings viele ganz unterschiedliche Wege. Viel mehr, als die meisten Menschen ahnen.

Wahrscheinlich haben Sie schon einiges über Lobbyisten gehört – mit diesem Buch halten Sie die Chance in der Hand, einmal etwas *von* einem Lobbyisten zu hören. Viele Jahre lang habe ich politische Interessen für große und kleine Unternehmen durchgesetzt. In diesem Buch erzähle ich Ihnen ehrlich, wie mein Alltag aussah. Und worauf meine »Macht« wirklich beruhte. Das wahre Lobbyistenleben ist ganz anders, als es manchmal in Reportagen mit dramatischer Hintergrundmusik und versteckter Kamera dargestellt wird.

Aber gerade deswegen ist es auch viel näher an unserem ganz normalen Alltag.

Machen Sie sich Ihr eigenes Bild von einem geheimnisumwitterten Beruf – und von der »Macht«, die in Ihnen selbst steckt.

Ihr Volker Kitz   München, im Frühjahr 2013

I. DIE ARGUMENTE

1. Was Sie sagen, hört niemand

Es ging um 25 Milliarden Dollar – und um die Aufführung eines heimlich geprobten Stücks. Trotzdem klang der Vorsitzende ruhig, als er sagte: »Es gilt das Berliner Verfahren.« Manche Abgeordnete ließen sich per Handwink noch schnell ein Stück Kuchen an den Platz kommen. Eine beschürzte Bedienung ging umher und goss Filterkaffee ein, die Abgeordneten hielten abgezähltes Kleingeld bereit.

Es war 13 Uhr, das Mittagessen lag allen noch im Magen.

»Einziger Tagesordnungspunkt: Öffentliche Anhörung von Sachverständigen« stand auf der heutigen Agenda des Wirtschaftsausschusses im Deutschen Bundestag.

Ich war damals Lobbyist bei einem großen deutschen Verband. Ein Lobbyist vertritt bestimmte Interessen gegenüber der Politik und der Öffentlichkeit – meist im Zusammenhang mit Gesetzgebungsverfahren.

Ein Verband ist ein Verein, in dem sich Gleichgesinnte zusammenschließen, um gemeinsame Interessen durchzusetzen. Das können Unternehmen sein. Oft sind es aber auch Privatpersonen, Organisationen oder andere Verbände. Nur ein Teil davon sind Wirtschaftsverbände, deren Mitgliedern es darum geht, Unternehmensgewinne zu erzielen. Es gibt auch Sozialverbände wie das Deutsche Rote Kreuz oder den Deutschen Mieterbund. Die Kirchenverbände. Es gibt Gewerkschaften, Verbraucher- und Kinderschutzverbände, den Deutschen Frauenrat und das Bundesforum Männer. Menschenrechtsorganisationen und Naturschutzverbände. Verbände mit kulturellen Zielen, wie den Deutschen Kulturrat, oder mit sportlichen Zielen, wie den Deutschen Sportbund. Es gibt Verbände, die Anliegen bestimmter Hobbygruppen vertreten, wie Schachverbände oder Hundezuchtverbände.

Sie alle setzen sich für die Interessen ihrer Mitglieder ein. Sie alle machen Lobbyarbeit.

Wie Lobbyisten konkret arbeiten, darüber ist nicht viel bekannt. Das verstärkt den Eindruck, es handle sich dabei um etwas Heimliches, Unanständiges und eher Verbotenes als Erlaubtes.

Dabei kommen die Lobbyisten ganz offiziell zum Einsatz: Jedes Ministerium muss, wenn es ein Gesetz entwirft, die »betroffenen Fachkreise rechtzeitig beteiligen«. So steht es in der Gemeinsamen Geschäftsordnung der Bundesministerien.

Und auch die Geschäftsordnung des Bundestages sieht Anhörungen »von Sachverständigen, Interessenvertretern und anderen Auskunftspersonen« ausdrücklich vor. Dafür führt der Bundestag eine Liste mit Verbänden, die auf Bundesebene operieren. Sie umfasst gut 2.000 Verbände und ist im Internet für jeden einsehbar, einschließlich der Namen der konkreten Lobbyisten. Wer dort gemeldet ist, erhält einen Hausausweis für den Deutschen Bundestag. Dieser Ausweis öffnet ihm die Türen zum Parlament und den Abgeordnetenbüros. Er ist »im Gebäude offen zu tragen« – damit jeder sofort sieht, wer hier mit welchen Interessen durch die Flure läuft.

Das öffentliche Bild des Lobbyisten – der teuer gekleidete Großkonzernvertreter, der mit wehenden Haaren aus dem Flugzeug steigt, um in dunklen Hinterzimmern Gewinne zu maximieren – es trifft nur auf einen sehr kleinen Teil der Lobbyisten zu.

Viele haben das Wort »Lobbyismus« bisher ohnehin nur im Zusammenhang mit Waffenhandel gehört. So sehr hat der Begriff darunter gelitten, dass kein Unternehmen, kein Verband offiziell eine »Lobbyabteilung« hat. Von »politischer Kommunikation« ist da die Rede oder von »Public Affairs« und »Government Relations«. Dabei geht es aber um viel mehr als nur um Außendarstellung: Ein Lobbyist verfolgt immer konkrete Ziele. Meist geht es darum, dass ein Gesetz oder eine sonstige politische Entscheidung in einer bestimmten Form zustande kommen oder verhindert werden soll.

Ein Lobbyist ist ein Interessenvertreter, so wie ein Klassensprecher ein Interessenvertreter seiner Schulklasse ist – und so wie jeder von uns jeden Tag Interessen gegenüber seinen Mitmenschen vertritt, seine eigenen und auch die von anderen. Manchmal machen wir das bewusst, oft merken wir es gar nicht.

Auch deshalb ist es für uns alle so interessant zu wissen, wie Lobbyisten arbeiten.

Ein Ausschuss im Deutschen Bundestag kann eine Anhörung durchführen, wenn er zu einem bestimmten Thema die Meinung von Experten einholen möchte. Denn die Abgeordneten selbst sind in der Regel Laien in den Themen, zu denen sie Gesetze beschließen. Sicher: Etliche Berufsgruppen sind im Parlament vertreten, viele Anwälte, viele Beamte, wenige Ärzte, erstaunlich wenige aus dem Bank- und Finanzmarktsektor und aus der Versicherungswirtschaft. »Arbeitslos, ohne Berufsausübung« ist laut dem Berufsverzeichnis der Abgeordneten derzeit niemand. Fachwissen existiert, aber es ist punktuell verteilt und sitzt nicht immer in den Ausschüssen, in denen es gerade gebraucht wird.

Deshalb können die Ausschüsse Fachleute von außen einladen: Wissenschaftlerinnen, Praktiker, Vertreter von Verbänden und einzelnen Unternehmen, aus Organisationen aller Art. Wen immer sie für geeignet halten, zur Klärung einer Frage beizutragen. Und wer immer bereit ist, seinen Filterkaffee selbst zu zahlen.

So weit die Theorie.

In der Praxis saßen wir, die zehn geladenen Sachverständigen, an einem langen Tisch, und wenn wir über die großen Namensschilder vor uns sahen, blickten wir direkt in die Augen der Abgeordneten, die uns – verhörten. Denn das »Berliner Verfahren« ist strenger als die Strafprozessordnung. Es besagt, dass die Sitzungszeit peinlich genau aufgeteilt wird zwischen den Fraktionen, je nach deren Gewicht im Bundestag. Eine so aufgeteilte Stunde heißt »Berliner Stunde«.

»Ihnen stehen 22 Minuten zur Verfügung«, gab der Vorsitzende den Startschuss für die größere der beiden Regierungsfraktionen. Deren Abgeordnete durften nun 22 Minuten lang Fragen stellen. Die kleineren Fraktionen mussten sich kürzer fassen.

Ähnlich verhält es sich mit der *Zahl* der Sachverständigen, die jede Fraktion für die Anhörung »benennen« darf. Jeder Sachverständige sitzt dort »auf dem Ticket« einer ganz bestimmten Fraktion, wie man das mehr oder weniger offiziell nennt. Und die größeren Fraktionen dürfen mehr Experten laden als die kleineren.

Jede Frage muss sich an einen konkreten Sachverständigen richten – von uns zehn durfte also nur derjenige antworten, der gerade ausdrücklich angesprochen war. Da könnte man meinen, die Fragesteller wollten ihren Wissensdurst stets bei dem Sachverständigen stillen, dem sie bei der Frage die größte Kompetenz zutrauen. Für die Sachverständigen, die so naiv sind, das zu glauben, ist es daher auch ein Ehrenbeweis, möglichst viele Fragen »zu bekommen«.

In Wahrheit aber befragen die Abgeordneten fast immer nur die Sachverständigen, die sie selbst geladen haben oder wenigstens die der Koalitionspartner. Die Experten »auf dem Ticket« der anderen Fraktionen sprechen sie höchstens an, um sie bloßzustellen. Und das ist nicht sehr schwer: Ein Fragesteller darf eine Antwort kommentieren, aber der Sachverständige darf darauf nicht mehr reagieren, denn er hat ja das Wort nicht mehr. Ein Sachverständiger muss also damit leben, dass seine Ausführungen zum Beispiel mit einem arroganten »Dass Sie immer noch solche Märchen erzählen« quittiert wird – und er dem nichts mehr entgegensetzen kann.

An diesem besagten Nachmittag, an dem es bei Kaffee und Kuchen um 25 Milliarden Dollar ging, saß ich »auf dem

Ticket« der größeren Oppositionsfraktion. Daher hatte ich in den ersten 22 Minuten Pause, in denen das Fragerecht bei der Koalition lag.

Ich war damals noch nicht abgebrüht genug, um mir für diese Pause Arbeit aus dem Büro mitzubringen. Die Abgeordneten der Opposition holten ihre Postmappen heraus, während die Koalition fragte. Auch andere Sachverständige nutzten die Zeit, um ungeniert sonstige Arbeit zu erledigen. Später kehrte sich die Situation um – wer gerade nicht selbst fragte oder gefragt wurde, den interessierte nicht, was die anderen redeten. Nur wenige löbliche Ausnahmen folgten dem Gespräch aufmerksam, auch wenn es gerade nicht um sie selbst ging.

Als das Fragerecht zur größeren Oppositionspartei wechselte, unterbrachen deren Mitglieder kurz ihre anderweitigen Beschäftigungen.

»Man muss bei so einem Gesetz ja genau unterscheiden können zwischen dem, was erlaubt sein soll, und dem, was verboten ist«, dozierte eine Abgeordnete nun. Einen Großteil der knappen »Fragezeit« verwenden die Abgeordneten darauf, noch einmal ihre eigene Meinung zu referieren. Die eigentlichen Fragen sind oft ein verschämtes Anhängsel, auch wenn sie streng klingen können: »Geht der Gesetzentwurf da in die richtige Richtung? Diese Frage geht an Herrn Dr. Kitz.«

Ich schaltete mein Mikrofon ein und führte aus, dass diese Abgrenzung in dem Gesetzentwurf aus meiner Sicht nicht praktikabel war. Die Fragestellerin nickte zufrieden. Sie wusste, dass ich so antworten würde. Sie hatte vorher »ihre« Sachverständigen zu einer Art Probeanhörung eingeladen, um zu ermitteln, auf welche Fragen wer welche Antworten geben würde. Generell ist es üblich, dass die Sachverständigen den Abgeordneten vorher Vorschläge für Fragen zuschicken, die sie gerne beantworten würden. Daher wusste die Abgeordnete auch, dass ich die Gesetzesinitiative im Grundsatz begrüßte. Es handelte sich um einen Gesetzentwurf gegen unerwünschte E-Mail-Werbung, gegen Spam. Nach Schätzungen der Vereinten Nationen richtet Spam weltweit einen jährlichen Schaden von 25 Milliarden Dollar an.

Deshalb waren auch alle Fraktionen in Aktionismus verfallen: Die Koalition hatte ein Anti-Spam-Gesetz ins Rennen gebracht, das verschleierte Werbe-E-Mails grundsätzlich verbieten sollte. Die Opposition war naturgemäß gegen diesen Entwurf, freilich nicht ohne einen eigenen Antrag »Spam effektiv bekämpfen« einzubringen. Darin forderte sie vage, über Spam besser aufzuklären und eine zentrale Stelle zur Spam-Bekämpfung zu schaffen.

Die Unternehmen, die ich vertrat, waren zu einem Teil Internetprovider. Sie leiden unter der schieren Datenlast, mit der Spam-E-Mails ihre Netze verstopfen. Und jedes andere seriöse Unternehmen leidet darunter, wenn sich weniger seriöse Firmen durch Spamwellen einen Wettbewerbsvorteil verschaffen.

Aber jedes seriöse Unternehmen ist auch darauf angewiesen, selbst Werbung machen zu können. Das gehört sogar zu den Unternehmensgrundrechten, die unsere Verfassung garantiert. Also muss ein Anti-Spam-Gesetz so formuliert sein, dass es die schwarzen Schafe erwischt, den seriösen Unternehmen aber nicht ihre Werbemöglichkeiten nimmt. Bei der Probeanhörung war meine differenzierte Haltung zu dem Gesetzentwurf deutlich geworden.

Daher wartete ich darauf, dass die Vertreterin der Opposition mich erneut aufrief, als es darum ging, ob ein Anti-Spam-Gesetz im Grundsatz sinnvoll sei. Allerdings hörte ich bei dieser Frage meinen Namen nicht. Sie sah meinen Blick genau – und doch übersah sie ihn. Sie fragte einen anderen Sachverständigen, der ihr bescheinigte: Der Gesetzentwurf der Koalition sei restlos daneben.

Ich war gerade 30 geworden, der Jüngste im Raum, erst ein paar Monate lang im Geschäft. Es war meine erste Anhörung im Deutschen Bundestag. Bis zu diesem Tag hatte ich tatsächlich geglaubt, Abgeordneten ginge es darum, die beste Lösung für ein Problem zu finden. Ich hatte tatsächlich geglaubt, bei einer Anhörung ginge es darum, Erkenntnisse zu sammeln.

Doch dieser Moment im Sitzungssaal 3.101 des Marie-Elisabeth-Lüders-Hauses, eines Gebäudes des Deutschen Bundestages, veränderte meinen Blick auf die Politik für immer.

Wir Sachverständigen waren Werkzeuge, die jeder dort einsetzte, wo er sie brauchte – um seine eigene Politik zu loben und den politischen Gegner vorzuführen. Werkzeuge, die er wegschloss, wenn sie diesem Ziel nicht dienten.

»Meine Frau ist Kundin bei Ihnen«, sagte ein Abgeordneter der Koalition gerade zu dem Unternehmensvertreter neben mir. Es war noch etwas Zeit übrig, daher gab es eine »freie Runde«, in der alle Abgeordneten noch einmal Fragen stellen durften. Dieser Abgeordnete genoss es sichtlich, noch eine letzte Anekdote erzählen zu können – und seine Expertise zu dem Thema wenigstens mittels persönlicher Erlebnisse seiner Frau zu belegen. Sie habe eine »ganz wichtige« E-Mail nicht bekommen, die offenbar in einem Spamfilter hängen geblieben war.

»Also damit ich den Sachverhalt richtig verstehe: Ihre Frau hat E-Mails versandt ...«, entgegnete der angesprochene Unternehmensvertreter, der offenbar schon seit einer Weile nicht mehr zugehört und den dramatischen Sachverhalt daher falsch verstanden hatte.

Im Protokoll wurde an dieser Stelle »Heiterkeit« vermerkt.

Es dauerte nicht lange, bis ich regelmäßig nach solchen Veranstaltungen sagte: »Wenigstens war es unterhaltsam. Das ist doch alles, was man erwarten kann.«

Der Vorsitzende freilich zog an diesem Tag ein anderes Resümee: »Es wurden nur lobende Worte insgesamt zu dieser Anhörung heute hier vernommen«, bescheinigte er sich selbst zum Schluss und befand, »dass es gerechtfertigt ist, dass sich der Bundestag nochmals ausgiebig mit Ihren Stellungnahmen befasst. Und in diesem Sinne bedanke ich mich.«

»Sitzungsende: 15 Uhr«, vermerkte das Protokoll.

Alle hatten ihren Nachmittagskaffee ausgetrunken.

▶▶◀◀

Nicht nur in der Politik, auch im Alltagsleben argumentieren und diskutieren wir jeden Tag um die Wette. Wir versuchen, uns gegenseitig von etwas zu überzeugen, sammeln hieb- und stichfeste Argumente für unsere Position – und erreichen damit: nichts.

Diese ganz alltäglichen Erfahrungen führen uns zu verschiedenen Fragen:

> ▸ Ist es überhaupt sinnvoll, Menschen mit Argumenten überzeugen zu wollen?
> ▸ Falls ja: Wann und mit welchen Argumenten?
> ▸ Falls nein: Wie dann?

Diesen Fragen gehen wir gemeinsam in diesem Buch nach. Dabei werden wir immer wieder überprüfen, wie sinnvoll unser gewöhnliches Alltagsverhalten vor dem Hintergrund eines interessanten wissenschaftlichen Forschungsgebietes ist: den Untersuchungen zur sogenannten Einstellungsänderung.

Auf diesen vier Wegen beeinflussen Sie Menschen

Die »Einstellung« ist ein psychologischer Fachbegriff und bedeutet noch weit mehr als »Überzeugung« oder »Meinung«.

Mit »Einstellung« beschreibt man in der Psychologie generell eine Bewertung von Menschen oder Dingen. Diese Bewertung hat einen maßgeblichen Einfluss darauf, wie sich jemand gegenüber diesen Menschen oder Dingen verhält. Ob dieser Jemand also zum Beispiel etwas für Sie tun wird.

Daher ist eine »Einstellungsänderung« auch viel mehr als ein bloßes »Überzeugen« oder gar »Überreden«.

Eine Einstellung kann auf vier unterschiedlichen Komponenten beruhen:

1. Genetische Veranlagung
2. Affekt
3. Kognition
4. Verhalten

Zu 1.: Dass einige Einstellungen angeboren sind, ist in der Wissenschaft umstritten. Manche Forscher gehen davon aus. Diese Annahme resultiert vor allem aus der Erkenntnis, dass eineiige Zwillinge viele Einstellungen teilen, selbst wenn sie getrennt aufgewachsen sind und sich überhaupt nicht kennen.

Zu 2.: Die affektive Komponente ist die Emotion – wir können positive oder negative Emotionen gegenüber einer bestimmten Person oder Sache haben. Sie entscheiden darüber, wie wir uns gegenüber dieser Person oder Sache verhalten werden.

Zu 3.: Kognition meint hier die bewusste Informationsverarbeitung, also ein aktives Denken. Wir prüfen Argumente und Informationen, wägen ab und bilden uns dann ein Urteil.

Zu 4.: Einstellungen sagen nicht nur voraus, wie wir uns in einer bestimmten Situation verhalten werden. Wir können auch umgekehrt aus einem Verhalten auf eine Einstellung schließen. Denn viele unserer Einstellungen sind uns gar nicht bewusst. Weil wir aber möchten, dass unser Denken mit unserem Handeln im Einklang steht, passen wir unsere Einstellung unserem Verhalten an.

Vielleicht haben Sie zum Beispiel nie darüber nachgedacht, ob Sie Briefträger mögen oder nicht. Fragt Sie jemand danach, können Sie aber Ihr Verhalten analysieren: Wie begegnen Sie Briefträgern, *wenn* Sie ihnen begegnen? Grüßen Sie sie? Freundlich? Oder ignorieren Sie sie? Halten Sie ihnen die Tür auf? Legen Sie ihnen zu Weihnachten eine kleine Dankesnote hin? Oder haben Sie in Ihrem Leben noch nie einen Briefträger bewusst wahrgenommen?

Unterschiedliche Einstellungen können unterschiedlich stark auf jeder der vier Komponenten beruhen. Ändern können wir eine Einstellung bei einer Zielperson nur, indem wir auf der Ebene einwirken, auf der die Einstellung entstanden ist: Nr. 1, die genetische Komponente, können wir nicht ändern, zumindest nicht mit unseren bescheidenen alltäglichen Mitteln. Schon gar nicht durch Argumente.

Nr. 2, die affektive Komponente, können wir ändern, indem wir auf die Emotionen unserer Zielperson einwirken. Das ist möglich, sogar sehr gut! Allerdings ist es das Wesen von Emotionen, dass sie sich nicht durch Argumente und Logik beeindrucken lassen. Ist die affektive Komponente betroffen, erreichen wir oft mit Argumenten sogar genau das Gegenteil dessen, was wir wollen.

Nr. 3, die kognitive Komponente, können wir in der Tat durch Informationen und Argumente beeinflussen.

Nr. 4, die verhaltensbasierte Komponente, können wir beeinflussen, indem wir auf das Verhalten einwirken, aus dem die Person ihre Einstellungen ableitet. Das klingt abenteuerlich – eine raffinierte Methode dazu werden Sie in Kapitel 9 kennenlernen.

Nur in einem von vier möglichen Fällen also kommen wir überhaupt mit Argumenten und Informationen weiter – mit dem, was wir gemeinhin unter »Überzeugungsarbeit« verstehen: Wenn eine Einstellung über die kognitive Komponente entstanden ist.

Wann ist das der Fall? Die kognitive Komponente wirkt hauptsächlich bei Themen, von denen jemand selbst unmittelbar betroffen ist. Das wiederum gibt vor, *wie* die Argumente beschaffen sein sollten, *wenn* wir sie nutzen – diese Frage klären wir im nächsten Kapitel.

Ist jemand nicht unmittelbar selbst von einem Thema betroffen, wirken eher die anderen Komponenten. Vor allem eine Komponente ist praktisch immer beteiligt: die affektive. Wir können unser bewusstes Denken abschalten – aber niemals unsere Emotionen.

Daher haben wir viele Einstellungen, die völlig unabhängig sind von jeglichem bewussten Denken. Selbst wenn jemand seine Einstellung als »Meinung« bezeichnet, setzt das noch nicht einmal voraus, dass er dafür auch nur ein einziges Argument hat. Das Tolle an der »Meinung« ist ja gerade, dass jeder eine haben darf, ohne dafür Argumente zu brauchen: Jeder ist frei, seine »Meinung« mit schlechten Argumenten zu begründen – oder eben auch mit gar keinen. Das ist nicht nur eine psychologische Tatsache, sondern sogar eine verfassungsrechtliche: Die Meinungsfreiheit in Artikel 5 unseres Grundgesetzes schützt auch Meinungen, die völlig ohne Denken und Argumente zustande gekommen sind. Und zwar nicht weniger als eine »Meinung«, die sich jemand nach jahrzehntelangem Forschen und Abwägen gebildet hat.

Aber wir haben keine Einstellung, die völlig unabhängig von Emotionen ist. Die affektive Komponente wirkt immer zumindest mit.

Viele Einstellungen sind uns nicht einmal bewusst – denken Sie an das Beispiel mit den Briefträgern. Sie schlummern tief in uns, das nennt man in der Psychologie »implizite Einstellung«, im Gegensatz zur »expliziten Einstellung«, die wir uns ganz ausdrücklich gebildet haben. Wie Sie sich denken können, kommen implizite Einstellungen nicht dadurch zustande, dass wir bewusst Argumente und Informationen abgewogen haben. Also können wir implizite Einstellungen auch nicht durch Argumente und Informationen ändern.

Selbst wenn Menschen eine Einstellung argumentativ begründen, kann die wahre Ursache für diese Einstellung trotzdem auf einer anderen Komponente als der kognitiven beruhen. Oft liegt unter einer expliziten Einstellung eine entgegengesetzte implizite Einstellung, die unser Verhalten beeinflusst, ohne dass wir es merken. Die Einstellung ist dann nicht durch Argumente entstanden – sondern wir passen unbewusst die Argumente unserer Einstellung an. Das nennt man in der Psychologie den »Bestätigungsfehler«. Der Bestätigungsfehler gehört zu den sogenannten kognitiven Verzerrungen – einer Gruppe von psychologischen

Phänomenen, die uns noch öfter in diesem Buch beschäftigen wird.

Fazit: Nur in einem Bruchteil aller Fälle können wir eine Einstellungsänderung überhaupt mit Argumenten erreichen! In den meisten Fällen sind Argumente und Informationen von vornherein sinnlos. Sie sind in unserem Alltag dramatisch überschätzt.

Diese zwei Glaubenssätze führen Sie in die Irre

Warum argumentieren und diskutieren wir trotzdem alle ständig? Zu Hause und bei der Arbeit ist das ja nicht anders als in der Politik.

Ich werde zum Beispiel oft in Unternehmen gerufen, um Konflikte zu schlichten. Manchmal fliegen dort buchstäblich die Fetzen. Der Vorgesetzte weiß nicht mehr weiter und holt schließlich externe Hilfe ins Haus. In solchen Fällen stellt sich regelmäßig heraus: Er hat zu sehr versucht, das Problem sachlich zu lösen. Gerne fallen Sätze wie »Wir haben uns schon mehrfach zusammen an einen Tisch gesetzt, um eine sachliche Lösung zu finden«. Wahrscheinlich mussten Sie selbst schon solchen Gesprächen beiwohnen, in denen ständig Maßregelungen ertönen wie »Frau Müller, bleiben Sie doch bitte sachlich« oder »Herr Schulze, jetzt werden Sie aber unsachlich« oder »Werden Sie bitte nicht persönlich« oder »Sie sehen das jetzt zu emotional«.

Warum denken wir so oft, dass wir bekommen, was wir wollen, wenn wir nur die richtigen Informationen und Argumente vortragen?

Dafür sind zwei grundlegende Irrtümer verantwortlich:

1. Unser unerschütterlicher Glaube an »die Sache« und an »die richtige« Lösung.
2. Unser unerschütterlicher Glaube an »die Gerechtigkeit«.

Irrtum Nr. 1: Die Politik und unser ganz normales Alltagsleben haben viele Gemeinsamkeiten. Wir glauben gerne, in der Politik ginge es um »die Sache« – und darum, in dieser Sache »die richtige« Lösung zu finden. Sie wird als das »Allgemeinwohl« bezeichnet, dem alle Politiker offiziell verpflichtet sind.

Aus dieser Annahme resultiert auch das verbreitete negative Bild von Interessenvertretern: Sie wollen die Politiker von der »einen, richtigen« Lösung, vom »Allgemeinwohl«, abbringen. Sie wollen eine Entscheidung verhindern, die der Allgemeinheit, also allen gleichermaßen nutzt – zugunsten einer Entscheidung, die nur einzelnen Gruppen nutzt. So sehen es viele. Und wenn das so wäre, dann wäre die politische Interessenvertretung wirklich problematisch.

Aber dieses Verständnis hat einen Schönheitsfehler, der uns auch bei unserem Denken und Handeln in unserem ganz normalen Alltag immer wieder im Weg steht:

Die eine, objektiv »richtige Lösung« gibt es nicht.

Deshalb kann man weder jemanden von ihr überzeugen noch jemanden von ihr abbringen.

Was zum Beispiel genau sollte »das Allgemeinwohl« sein? »Die Allgemeinheit« besteht aus unzähligen unterschiedlichen Gruppen, und was der einen nutzt, schadet der anderen. Ressourcen sind begrenzt, wenn der Staat der einen Gruppe etwas gibt, muss er es der anderen nehmen. Die Lösung, die für »die Allgemeinheit«, also für alle, am besten ist, existiert nicht.

Alle gesellschaftlichen Gruppen machen daher Lobbyarbeit und tragen ihre Interessen an die Politik heran: die Umweltschützer ebenso wie die Atomkonzerne, die Großbanken ebenso wie die Hartz-IV-Empfänger. Dabei schauen sich die unterschiedlichen Gruppen gegenseitig sehr genau auf die Finger – ein wirkungsvolles System der gegenseitigen Kontrolle. Am Ende ist es das (oft) undankbare Los der Politiker, zu entscheiden, wem sie etwas geben und wem sie etwas nehmen wollen. Diese Entscheidung ist sehr subjektiv – man könnte sie fast immer genauso gut andersherum treffen.

Bei jedem Thema lassen sich daher auch gleichermaßen überzeugende Argumente *für* etwas und *gegen* etwas finden. Es gibt kaum ein Argument, auf das es nicht wieder ein Gegenargument gäbe. Und noch mehr: *Jede* Lösung lässt sich mit *jedem* Argument begründen. Ich habe Jura studiert und darf Ihnen sagen: Das ist die entscheidende Erkenntnis, die Sie in diesem Studium gewinnen. Während meiner Zeit bei Gericht habe ich besonders eindrucksvoll gelernt, wie sich jede Entscheidung mit jedem Argument begründen lässt. Es kommt vor, dass ein Richter sein Urteil schon geschrieben hat und es sich dann doch anders überlegt. Dann braucht er das Urteil nicht neu zu schreiben. Das Gegenteil lässt sich mit denselben Argumenten begründen. Man muss nur ein paar Worte drum herum ändern: Aus »weil« wird »obwohl«, aus »entscheidend ist der Umstand, dass ...« macht man »dem steht nicht entgegen, dass ...«, in »Zwar-aber-Sätzen« dreht man einfach die Reihenfolge um.

Gäbe es die eine »richtige« Lösung, dann könnten wir uns ja auch das Trara um politische Entscheidungsprozesse sparen. Wir bräuchten kein Parlament, sondern nur eine Behörde, welche die eine auf der Hand liegende richtige Lösung in die Tat umsetzt. Solche Staaten gibt es – aber unsere Demokratie distanziert sich zu Recht von ihnen.

Und was wir uns täglich im Großen, auf der politischen Bühne, vorspielen, das reden wir uns auch in unserem ganz normalen Alltagsleben ein: dass es um »die Sache« ginge, dass wir nur »sachlich« über alles reden müssten, um die »richtige Lösung« zu finden – die Lösung, bei der auch wir das bekommen, was uns gerechterweise zusteht.

Damit sind wir beim Irrtum Nr. 2: dem Glauben an die Gerechtigkeit des Lebens. Wir erwarten Gerechtigkeit und sind zutiefst empört und gekränkt, wenn uns diese Gerechtigkeit nicht zuteilwird. Auch diese tragische Illusion ist eine kognitive Verzerrung, sie hat sogar einen eigenen wissenschaftlichen Namen: »Gerechte-Welt-Glaube«. Der Gerechte-Welt-Glaube resultiert direkt aus unserem Bedürfnis nach Kontrolle: Für unser Gehirn ist es die reinste Folter, wenn es den Eindruck hat, keine Kontrolle zu haben – über uns selbst, aber auch über unsere Umwelt. Mit dem Gerechte-Welt-Glauben versucht sich unser Gehirn die Kontrolle über das zu verschaffen, was um uns herum passiert. Denn wenn die Welt gerecht ist, dann können wir voraussagen, wie andere Menschen sich uns gegenüber verhalten werden, wenn wir selbst uns in bestimmter Weise verhalten.

Dabei wissen wir alle ganz genau: Das Leben *ist* furchtbar ungerecht. Das mag man bedauern, aber das ändert nichts daran, dass es so ist. Das Leben war schon ungerecht, als es dafür sorgte, dass Sie in einem Land geboren wurden (oder zumindest jetzt sind), in dem man sich überhaupt darum schert, Bücher zu schreiben, zu drucken und zu lesen – weil die Menschen genug zu essen haben, weil sie ein Dach über dem Kopf haben, weil sie lesen und schreiben lernen. Während andere sich fragen, womit sie bis zum Abend überleben sollen.

Aber sind wir nicht alle aufgerufen, das Leben wenigstens etwas gerechter zu machen? Natürlich sind wir das, und an vielen Stellen kann man es, relativ betrachtet, auch gerechter machen. Trotzdem gibt es »die Gerechtigkeit« nicht – »die Gerechtigkeit«, die sich alle politischen Parteien seit jeher auf die Fahnen schreiben und auf die wir auch in unserem ganz normalen Alltag vertrauen: am Arbeitsplatz, in der Schule, unter Nachbarn, bei der Hausarbeit, bei den Urlaubsplänen.

Wie sollte »die Gerechtigkeit« auch aussehen? Die vielen unterschiedlichen Bedürfnisse der unterschiedlichen Menschen und anderen Lebewesen stehen nun einmal oft im Widerspruch zueinander. Wayne W. Dyer schreibt darüber treffend in seinem Buch *Der wunde Punkt*: »Wenn die Welt so eingerichtet wäre, dass alles immer gerecht zugehen müsste, dann könnte kein Lebewesen auch nur einen einzigen Tag überleben. Den Vögeln wäre es nicht mehr erlaubt, Würmer zu fressen, und jedermanns Eigeninteresse wäre Genüge zu tun.«

»Die Gerechtigkeit« gibt es daher auch noch nicht einmal vor Gericht: Verschiedene Gerichte und Instanzen entscheiden gleiche Fälle oft ganz unterschiedlich. Mehrere Richter am selben Gericht, in derselben Kammer oder im selben Senat beurteilen ganz anders, was »gerecht« ist – alle in »sachlicher« Auseinandersetzung mit demselben Sachverhalt und demselben Gesetz. Oder dasselbe Gericht ändert seine Meinung im Lauf der Zeit. Die obersten Bundesgerichte vermelden regelmäßig ganz offiziell eine »Änderung der Rechtsprechung«.

Unser fataler Glaube an »die Sache« und »die Gerechtigkeit« führt zu dem folgenschweren Missverständnis, mit dem wir dieses Kapitel begonnen haben: Wir glauben, dass wir nur die richtigen Informationen und Argumente vortragen müssen, um das zu bekommen, was uns zusteht.

Menschen, die das erkannt haben, nutzen diese Erkenntnis still für sich: Möchte jemand in der Politik zum Beispiel *verhindern*, dass sich zu einem bestimmten Thema etwas tut, dann beauftragt er eine Expertenkommission, eine politische Stiftung oder ein wissenschaftliches Institut damit, alle Fragen umfassend »sachlich« aufzuarbeiten. Damit ist das Thema garantiert gestorben. In unserem Alltagsleben gibt es ganz ähnliche Strategien, um die Anliegen anderer den »Sachtod« sterben zu lassen.

Anmerken lassen sich aber selbst diese Menschen nichts, die das erkannt haben. Sie spielen das Spiel nach außen hin mit – weil es völlig verpönt ist zu sagen, es gehe *nicht* um

»die Sache« und *nicht* um »die Gerechtigkeit«. Und so sind wir gefangen in einer Spirale, in der wir ständig unter falschen Voraussetzungen handeln – und uns wundern, dass wir damit nicht weiterkommen. Das passiert sogar ganz alten Hasen:

 Es war kurz vor der Wahl. Die Spitzenkandidaten machten Wahlkampf und trafen sich mit verschiedenen »gesellschaftlichen Gruppen«. Also mit den Verbänden.

Ein altgedienter Kollege hatte sich mit einer aussichtsreichen Spitzenkandidatin einer großen Partei »zum Austausch« getroffen. Er war seit Jahrzehnten Lobbyist und hatte niemals etwas anderes in seinem Leben gemacht. Er war so erfahren und respektiert, dass ich ihn siezte, obwohl wir uns in der Branche sonst fast alle duzten. Er kannte seine Pappenheimer, sollte man meinen.

Doch von diesem Termin kehrte er mit sorgenvoller Miene zurück. »Ich habe noch nie jemanden erlebt, der sich so wenig für die Interessen der Wirtschaft interessiert und so sehr ausschließlich für die eigene Macht.«

»Das haben Sie wahrscheinlich schon«, antwortete ich ihm. »Die anderen haben es nur besser versteckt.«

▶▶◀◀

So umgehen Sie die Stammtisch-Falle

Weil wir alle so munter »sachlich« argumentieren, tritt regelmäßig dieser Effekt ein, in der Politik ebenso wie in unserem ganz normalen Alltag auch: Die Diskussion verselbstständigt sich. Sie wird zu einer akademischen Diskussion, bei der jeder den anderen von »der richtigen« Lösung, von den besseren Argumenten überzeugen will. Und da jeder seine eigenen Argumente am besten findet und das in 95 Prozent der Fälle so bleibt, ist das ein Spiel ohne Ende. Dieser Weg führt nicht zur Erfüllung unserer Wünsche – sondern in einen Debattierklub, in dem jeder hoffnungsvoll seinen Text spricht, aber niemand etwas erreicht.

Die Unternehmen meinten, es würde sich lohnen. Und sie waren bereit, für das Honorar zusammenzulegen.

Wenn Lobbyisten ihre Forderungen mit der Ausstrahlung wissenschaftlicher Neutralität schmücken wollen, wenn sie mit Brief und Siegel belegen wollen, dass man gar nicht anders kann, als ihre Meinung zu teilen: Dann holen sie ein wissenschaftliches Gutachten ein.

Es ging damals um die sogenannte Vorratsdatenspeicherung. Die Europäische Union wollte alle Telefon- und Internetunternehmen dazu zwingen, für viele Monate zu speichern, wer wann mit wem wie lange kommuniziert hatte.

Das bedeutete horrende Kosten für die Unternehmen und empfindliche Eingriffe in die Bürgerrechte der Kunden. Es gab eine seltene Einigkeit in der Gesellschaft: Außer dem Bundeskriminalamt, den Geheimdiensten und der Polizei wollte das praktisch niemand. Und auch wir kämpften dagegen. Aber es waren gerade einmal wieder Anschläge passiert – und kein Politiker wollte sich bei der nächsten Katastrophe nachsagen lassen, er trage die Schuld daran, dass sie nicht verhindert worden war oder aufgeklärt werden konnte, weil er die Vorratsdatenspeicherung nicht unterstützt hatte.

In unserer Not beschlossen wir also, einen renommierten Rechtsprofessor mit einem Gutachten zu beauftragen: Ist es verfassungsgemäß, dass die Unternehmen ihren Kunden im Auftrag des Staates hinterherschnüffeln müssen? Und müssen sie diese Hilfssheriff-Tätigkeiten allen Ernstes auf eigene Kosten leisten? Immerhin müssen Autohersteller dem Staat auch nicht kostenlos die Polizeiwagen stellen. Die Kosten müssten die Unternehmen natürlich auf die Kunden umlegen, die am Ende nicht nur beschnüffelt würden, sondern auch noch ihre eigene Beschnüffelung bezahlten.

Der Professor sagte zu. Für 1.000 Euro pro Seite. Breiter Rand, doppelter Zeilenabstand. Für 20 Seiten machte das 20.000 Euro, normaler Preis für ein Rechtsgutachten.

Sein Ergebnis, immerhin: Die geplante Vorratsdatenspeicherung wäre verfassungswidrig. Besonders verfassungswidrig wäre es, wenn auch noch die Unternehmen selbst die Kosten dafür tragen müssten.

Dieses Ergebnis war vertraglich nicht vereinbart, selbstverständlich nicht. So viel Freiheit hat die Wissenschaft: Der Professor hatte die Fragen geprüft und so beantwortet, wie er es für richtig hielt. Wäre er zu einem anderen Ergebnis gelangt, hätte er sein Honorar trotzdem bekommen. Wir hätten das Gutachten dann in die Schublade gelegt und das Geld abgeschrieben.

So aber konnten und wollten wir es natürlich für unsere Zwecke verwenden. Eilig vereinbarten wir einen Termin in einem beteiligten Bundesministerium. Mit dem Abteilungsleiter. Der Abteilungsleiter steht nur eine Stufe unter dem Staatssekretär und damit zwei Stufen unter dem Minister. Bei ihm beginnt die politische Leitungsebene eines Ministeriums. Er hat eine gewichtige Stimme in allen Fragen.

Wir überreichten ihm das Gutachten des renommierten Rechtsprofessors. »Darin steht, dass der Gesetzentwurf verfassungswidrig ist«, fassten wir das Ergebnis stolz zusammen.

»Natürlich«, erwiderte der Abteilungsleiter trocken. »Sonst hätten Sie ja auch einen Gewährleistungsanspruch gegen den Gutachter.«

Und er legte die teuren 20 Seiten in die Ablage, ohne auch nur einen Blick auf das Titelblatt zu werfen.

▶▶◀◀

Was war geschehen? Die Diskussion hatte sich bereits verselbstständigt. Die Argumente waren klar: Öffentliche Sicherheit auf der einen Seite, Bürgerrechte und Kosten auf der anderen. Alle Beteiligten wiederholten nur noch ihre Argumente, wieder und wieder – übrigens bis heute: Zwar konnten viele gesellschaftliche Gruppen gemeinsam erreichen, dass die EU ihre ursprünglichen Pläne zur Vorratsdatenspeicherung wesentlich einschränkte. Doch auch das, was am Ende zum Gesetz wurde, war und ist vielen noch zu viel Überwachung. Deshalb setzte sich die identische Diskussion später fort – erst in den nationalen Parlamenten, dann vor den nationalen Gerichten, am Ende vor dem Europäischen Gerichtshof. Bis heute werden alle Beteiligten von damals nicht müde, die immer gleichen Argumente zu wiederholen und mit ständig neuen Gutachten zu »belegen«.

Glauben Sie, irgendjemand wurde im Laufe dieser Diskussion von Argumenten oder Gutachten davon überzeugt, seine Meinung zu ändern? Natürlich nicht!

Haben Sie jemals eine Fernsehtalkshow oder eine Bundestagsdebatte gesehen, bei der jemand am Ende gesagt hat: »Okay, die Argumente haben mich überzeugt. Ich bin jetzt anderer Meinung.«?

Wie oft hat das in Ihrem ganz normalen Alltag jemand zu Ihnen gesagt? Wie oft haben *Sie* es zu jemandem gesagt? Das Phänomen der verselbstständigten Diskussion kennen viele von uns ja schon aus einem so überschaubaren Zweiersystem wie zum Beispiel einer Partnerschaft:

Sie: »Ist schon absehbar, wie lange deine schmutzigen Socken hier im Wohnzimmer herumliegen werden?«

Er: »Ich wohne hier genauso wie du. Die Socken stören doch da momentan niemanden.«

»Mich stören sie schon. Ein bisschen Ordnung kann man doch wohl verlangen.«

»Kann es sein, dass du etwas überempfindlich bist? Ich meckere ja auch nicht den ganzen Abend, weil du beim

Einkaufen mal wieder die wichtigsten Sachen vergessen hast.«

»Die wichtigsten Sachen? Deine Erdnussflips? Die sind eh ungesund. Und wie wäre es sowieso, wenn der Herr mal selbst einkaufen ginge?«

»Ach, aber deine Schokoriegel sind gesund?«

»Es dauert keine 30 Sekunden, die Socken in den Wäschekorb zu werfen.«

»Schokoriegel findest du also gesund?«

»Hörst du mir überhaupt zu?«

Und so weiter …

Kommt Ihnen das bekannt vor? Manche Paare führen über Jahrzehnte regelmäßig die identische Diskussion, tauschen wieder und wieder die identischen »Argumente« zum identischen Streitpunkt aus – ohne dass einer der beiden dadurch jemals bekäme, was er will.

Oder schauen wir uns ein typisches Personalgespräch an:

Mitarbeiter: »Ich würde gerne in Zukunft etwas mehr Verantwortung übernehmen.«

Chefin: »Momentan ist leider keine andere geeignete Position frei. Ich fände es eher gut, wenn Sie in Ihrem jetzigen Aufgabenbereich etwas mehr Eigeninitiative zeigten.«

»Bei dem Projekt XY habe ich maßgeblich zum Erfolg beigetragen! Hier habe ich einmal aufgelistet, wie sich der Umsatz entwickelt hat. Beim letzten Gespräch sagten Sie ja, wir würden diesmal konkreter über eine Gehaltserhöhung sprechen.«

»Wenn es nach mir ginge, könnten Sie natürlich gerne mehr verdienen, aber im internen Gehaltsgefüge sind Sie schon ganz oben angelangt. Da kann ich gegenüber den Kollegen momentan wirklich nicht mehr verantworten.«

»Ich finde, dass ich für das Unternehmen im letzten Jahr überdurchschnittlich viel geleistet habe, das sollte sich auch in meiner Bezahlung ausdrücken.«

»Dieses Jahr ist im Budget sowieso gar kein Spielraum mehr. Aber ich habe alle Punkte notiert und schlage einfach vor, wir reden in einem Jahr noch einmal darüber …«

Und »in einem Jahr« wiederholt sich dieses Gespräch mit demselben Text. Und in zwei und drei Jahren auch. Und so weiter.

Verselbstständigte Diskussionen sind nichts Schlimmes. Viele Menschen genießen es, regelmäßig über dieselbe Sache mit denselben Menschen und denselben Argumenten zu diskutieren, wieder und wieder ihren Standpunkt zu erläutern und »recht zu haben«. Es geht ihnen um den Punktsieg, gerne vor Publikum, aber auch im Duell am Küchentisch oder im Büro.

Arthur Schopenhauer schrieb schon Anfang des 19. Jahrhunderts den Leitfaden *Die Kunst, recht zu behalten*. Er sammelte darin lauter Ratschläge, mit denen Sie in Diskussionen einen Punktsieg erzielen können – falls das Ihr Lebensziel ist, sollten Sie seine Abhandlung unbedingt lesen. Aber Schopenhauer merkte selbst an, dass Sie auch mit den besten rhetorischen Fähigkeiten kaum jemals jemanden dazu bringen werden, seine Meinung zu ändern.

Diskussionsverliebte Menschen sind nicht immer nur Menschen mit einem großen Redebedürfnis – es gibt auch ein Persönlichkeitsmerkmal namens »Kognitionsbedürfnis«: Bei manchen Menschen ist es besonders stark ausgeprägt. Sie lieben es, ständig über Sachen nachzudenken und alles zu analysieren.

All das ist nichts Schlimmes. Als Zeitvertreib.

Sie dürfen nur nicht glauben, dass Sie auf diesem Weg jemals bekommen, was Sie wollen.

Ganz im Gegenteil: Je mehr Sie einen anderen mit einer Gegenmeinung konfrontieren, desto weiter entfernen Sie sich von Ihrem Ziel, die Einstellung dieser Person zu ändern.

Das hat seine Ursache in zwei psychologischen Effekten:

Der erste Effekt ist die »Einstellungsimpfung«. Sie funktioniert wie die medizinische Impfung: Man setzt sich Fremdkörpern dosiert aus – und bildet so die Abwehrstoffe gegen diese Fremdkörper für den Fall, dass plötzlich ein stärkerer Angriff kommt. Wer sich gegen kognitive Beeinflussungsversuche schützen will, liest daher am besten regelmäßig eine Zeitung, die seiner eigenen Einstellung widerspricht. Wenn Sie mit anderen diskutieren, dann erweisen Sie ihnen also einen Dienst: Sie impfen sie dagegen, jemals ihre Einstellung zu ändern. Je häufiger Sie jemanden mit Gegenargumenten konfrontieren, desto immuner wird er gegen diese Argumente. Er hört sie schon bald gar nicht mehr.

Der zweite Effekt ist der »Besitztumseffekt«. Er besagt: Dieselbe Sache erscheint uns viel wertvoller, wenn wir sie besitzen, als wenn sie jemand anderes besitzt. Gibt man Probanden in einer Gruppe zum Beispiel jeweils eine Tasse in die Hand und fragt sie, was diese Tasse wert sei, dann schätzen sie den Wert doppelt so hoch ein wie eine andere Gruppe, der man die Tassen nur zeigt.

Das Verrückte: Der Besitztumseffekt tritt nicht nur bei Gegenständen auf, sondern auch bei Meinungen. Eine Meinung, die wir uns einmal gebildet haben, erscheint uns so wertvoll, dass wir uns kaum noch von ihr trennen wollen. In Experimenten beharren Probanden sogar dann auf ihrer Meinung, wenn man ihnen mitteilt, dass man ihnen versehentlich falsche Informationen gegeben hat, aus denen sie sich diese Meinung gebildet haben. Sie behalten ihre Meinung notfalls auch ohne diese Argumente – das nennt die Psychologie den »Perseveranz-Effekt«.

In den allermeisten Fällen bringt Argumentieren also nichts – bis auf eine Ausnahme: Sie wollen eine Einstellung beeinflussen, die wirklich auf der kognitiven Komponente beruht, also wirklich durch Information, Nachdenken, Abwägen zustande gekommen ist. Mit welchen Argumenten Sie hier operieren sollten, schauen wir uns nun im nächsten Kapitel an.

Fakten und Effekte

Rolle der Lobbyisten bei der Gesetzgebung

Gemeinsame Geschäftsordnung der Bundesministerien, § 47 (Beteiligung von Ländern, kommunalen Spitzenverbänden, Fachkreisen und Verbänden)
Geschäftsordnung des Deutschen Bundestages, § 70 (Öffentliche Anhörungssitzungen)
Öffentliche Liste über die Registrierung von Verbänden und deren Vertretern, www.bundestag.de/dokumente/lobbyliste/index.html
Bender, G.; Reulecke, L. (2004): *Handbuch des deutschen Lobbyisten: Wie ein modernes und transparentes Politikmanagement funktioniert*. Frankfurt: Frankfurter Allgemeine Buch, 2. Auflage

Einstellungsforschung

Ajzen, I. (2001): Nature and Operation of Attitudes. *Annual Review of Psychology*, 52, 27–58
Olson, J. M.; Vernon, P. A.; Harris, J. A. (2001): The Heritability of Attitudes: A Study of Twins. *Journal of Personality and Social Psychology*, 80, 845–860
Fazio, R. A.; Olsen, M. A. (2003): Implicit Measures in Social Recognition Research: Their Meaning and Use. *Annual Review of Psychology*, 54, 297–327
Breckler, S. J. (1984): Empirical Validation of Affect, Behavior, and Cognition as Distinct Components of Attitude.

Journal of Personality and Social Psychology, 47, 1191–1205

Triandis, H. C. (1975): *Einstellungen und Einstellungsänderungen*. Beltz: Weinheim/Basel

Wilson, T. D.; Hodges, S. D.; La Fleur, S. J. (1995): Effects of Introspecting About Reasons: Inferring Attitudes from Accessible Thoughts. *Journal of Personality and Social Psychology*, 69, 16–28

Gerechte-Welt-Glaube und Kontrollbedürfnis

Lerner, M. J. (1980): *The Belief in a Just World: A Fundamental Delusion*. New York: Plenum

Dyer, W. W. (1980): *Der wunde Punkt. Die Kunst, nicht unglücklich zu sein*. Reinbek: Rowohlt (Zitat: S. 184)

Kitz, V.; Tusch, M. (2008): *Das Frustjobkillerbuch. Warum es egal ist, für wen Sie arbeiten*. Frankfurt/New York: Campus, S. 101 ff.

Bandura, A. (1997): *Self-Efficacy: The Exercise of Control*. New York: Freeman

Argumentation und Überzeugung

Schopenhauer, A. (1830/31): *Eristische Dialektik oder Die Kunst, Recht zu behalten*. Erhältlich in unterschiedlichen Editionen.

Kognitionsbedürfnis

Cacioppo, J. T.; Petty, R. E.; Feinstein, J. A.; Jarvis, B. G. (1996): Dispositional Differences in Cognitive Motivation: The Life and Times of Individuals Varying in Need for Cognition. *Psychological Bulletin*, 119, 197–253

Einstellungsimpfung

Bernard, M. M.; Maio, G. R.; Olson, J. M. (2003): The Vulnerability of Values to Attack: Inoculation of Values and Value-Relevant Attitudes. *Personality and Social Psychology Bulletin*, 29, 63–75

Besitztumseffekt (experimenteller Nachweis)

Kahneman, D.; Knetsch, J. L.; Thaler, R. H. (1990): Experimental Test of the Endowment Effect and the Coase Theorem. *Journal of Political Economy*, 98, 1325–1348

Perseveranz-Effekt

Sherman, D. K.; Kim, H. S. (2002): Affective Perseverance: The Resistance of Affect to Cognitive Invalidation. *Personality and Social Psychology Bulletin*, 28, 224–237

2. Was Sie wollen, interessiert niemanden

 Es war der »Red-Eye-Flight«. Das gesamte medien-
politische Berlin stand am Gate des Flughafens Ber-
lin-Schönefeld – mit den roten Augen, die dem Flug
seinen Namen geben, denn es war 5.30 Uhr und die
meisten von uns hatten sich gegen 4 Uhr aus dem Bett ge-
schält.

Auf dem Weg nach Liverpool waren wir alle gleich: die
Lobbyisten aus den Unternehmen, die Vertreterinnen der
Verbände, die Bundestagsabgeordneten mit ihren Mitar-
beitern, die Journalisten. Und natürlich die Leute aus den
Ministerien: Referenten, Referatsleiterinnen, Unterabtei-
lungsleiter – die offiziell lieber als »Leiter der Unterabtei-
lung« bezeichnet werden, denn das hört sich besser an.
Sogar Abteilungsleiter waren dabei. Die hatten nicht solche
Probleme mit ihrer Bezeichnung.

Wir waren alle auf demselben Flug derselben Billig-Air-
line. Weil wir alle sparen mussten, denn die Zeiten des großen Geldausgebens waren selbst in den Konzernen schon
lange vorbei. Und weil es ohnehin die einzige direkte Verbindung war an diesem frühen Morgen.

In Liverpool veranstaltete die Europäische Kommission
eine Konferenz zur Medienpolitik, zu der wir brav aus ganz
Europa anreisten. Wie viele Minuten Werbung soll ein
Fernsehsender pro Stunde senden dürfen? Welche Jugend-
schutzanforderungen sollen im Internet gelten? Und zwar
in ganz Europa? Um solche Fragen ging es.

An diesen Fragen hing für die Unternehmen viel Geld:
Wer mehr Werbung machen darf, verdient mehr. Wer teure

technische Filter im Internet einsetzen muss, verdient weniger.

Was hing für die anderen an diesen Fragen? Für die Politiker? Die Regierungsbeamten? Die Vertreter der Jugendschutz- und Verbraucherschutzverbände? Für die Journalistinnen? Auch für sie alle ging es um etwas, für jeden Einzelnen um etwas anderes, doch bloß um was genau?

Die Kommission hatte der Veranstaltung den griffigen Titel »Between Culture and Commerce« gegeben. »Commerce«, das waren die Interessen der Wirtschaft. Ging es allen anderen wirklich einfach um »culture«? Was genau war das und stand es wirklich so stark im Gegensatz zum Kommerz, wie es klang?

Darüber wurde nicht viel gesprochen und darüber machten sich die meisten auch nicht viele Gedanken. Jeder reiste mit seinen eigenen »Forderungen« in der Tasche an. Die galt es »durchzusetzen«. Da konnte man sich nicht auch noch dafür interessieren, was die anderen alle jeweils wollten.

Das primäre Instrument des Lobbyisten sind seine Worte, jedenfalls offiziell: Er artikuliert die Interessen seines Unternehmens oder seiner Branche, mündlich und schriftlich. Schriftlich in offiziellen Stellungnahmen oder Briefen, die er an Ministerien und Abgeordnete schickt. Mündlich in offiziellen Anhörungen vor Ministerialbeamten und in den Ausschusssitzungen der Parlamente – aber auch in Einzelgesprächen mit allen, die etwas zu entscheiden haben.

Obwohl die Sachargumente nie entscheidend sind, gehören sie zum Theaternebel drum herum, zur »öffentlichen Debatte«, die alle haben wollen, weil sie zum sogenannten demokratischen Prozess dazugehört. Die »öffentliche Debatte« ist also eher Schaulaufen und Öffentlichkeitsarbeit als echte Überzeugungsarbeit. Aber Schaulaufen und Öffentlichkeitsarbeit gehören eben dazu in einem »demokratischen Prozess«. Und dieses Spiel spielen alle erst einmal mit.

Auch auf diesem Red Eye Flight hatte ich daher eine Stellungnahme dabei – ein »Positionspapier«, 24 Seiten stark. Darin legten wir detailliert unsere Argumente gegen die geplanten Regelungen dar und zeigten Alternativen auf. Schön formatiert war es auch, unser Positionspapier. Wir hatten es bereits auf unserer Internetseite veröffentlicht, wie so ziemlich alle unsere Positionspapiere. Selbst viele Unternehmen haben inzwischen eigene Internetseiten, auf denen sie ihre politischen Standpunkte veröffentlichen. Wofür welche Lobbyisten kämpfen, ist meist weder geheim noch überraschend.

Ich hatte es geschafft, einen Sitzplatz neben einem wichtigen Ministerialbeamten zu ergattern. Wir redeten ein bisschen übers Wetter, über Liverpool, über Flugzeuge. Small Talk. Ich wartete auf den besten Moment, mein Positionspapier aus der Tasche zu ziehen und es ihm persönlich zu überreichen.

Doch plötzlich holte er selbst einen Stapel Positionspapiere aus *seiner* Tasche. Er hatte sich Arbeit mit auf den Flug genommen – Papiere anderer Interessengruppen, die er lesen wollte. So dachte ich. Aber er überflog sie nur schnell, seine Laune wurde dabei immer schlechter.

Schließlich polterte er los: »Was bilden sich die Leute eigentlich ein, mir meine Zeit mit zigseitigen Stellungnahmen zu stehlen? Mir haarklein darzulegen, was genau ihr Problem ist und was ich für sie tun soll? Warum sollte *mich* das interessieren? Ich bin da, um *meine* Arbeit zu machen, nicht um fremde Wünsche zu erfüllen.«

Ich beschloss an diesem Morgen mit roten Augen, mein Positionspapier in der Tasche zu lassen. Er steckte seine auch wieder weg.

Wir redeten weiter über Flugzeuge.

▶▶◀◀

Im ersten Kapitel haben wir gesehen: Manche Einstellungen lassen sich durchaus durch Argumente verändern – nämlich solche, die durch Argumente entstanden sind, also über die kognitive Komponente. Und die kognitive Komponente ist hauptsächlich aktiv, wenn jemand ganz konkret von einem Thema betroffen ist, wenn es also um persönliche Auswirkungen für ihn selbst geht. Die Lobbyisten nennen solche Zielpersonen »Stakeholder«: »To be at stake« heißt »auf dem Spiel stehen«.

So entscheiden Sie, *wann* Argumente wirken

So zeigen Experimente: Bei einer Frage wie »Welchen Fernseher soll ich mir kaufen?« ist die kognitive Komponente viel stärker aktiv als bei einer Frage wie »Welche Partei soll ich wählen?«.

Nun stellen Sie sich vor, Sie *wollen* einen Fernseher kaufen. Sie laufen durch einen Elektronikmarkt. Plötzlich spricht Sie ein Verkäufer an: »Bitte kaufen Sie diesen Fernseher hier. Ich bekomme dafür die höchste Provision und ich muss doch Unterhalt an meine geschiedene Frau und die zwei Kinder zahlen. Außerdem muss auch der Hersteller seinen Umsatz für dieses Quartal noch ein bisschen aufpolieren, genauer gesagt um mindestens zwölf Prozent, sonst kriegt der Vorstand mächtig Ärger. Schauen Sie sich nur hier die Umsatzprognosen an. Wahrscheinlich müssen dort Leute entlassen werden, wenn Sie eine andere Marke oder gar überhaupt keinen Fernseher kaufen. In unserem Lager nimmt er Platz weg, den wir für neue Ware dringend brauchen. Sie leisten mit dem Kauf außerdem einen wichtigen Beitrag zum technischen Fortschritt, denn dieses Gerät hier ist mit dem neuen Superduper-HDTV-Future-Ready ausgestattet, das man in den nächsten zehn Jahren bestimmt irgendwann brauchen wird. Die wichtigsten Punkte für Ihre Entscheidung habe ich Ihnen hier noch mal auf einem Flyer zusammengestellt ...«

Wie reagieren Sie? »Ja, prima, den nehme ich!«?

Wohl eher nicht. Die meisten Menschen würden ziemlich ratlos schauen und sich fragen: Was will der Mann von mir?

Dabei hat er gerade das ja sehr genau gesagt. Er weiß ganz genau, was er will, und er sagt auch ganz genau, was er will. Und er erklärt seinen Wunsch sehr gut. Er argumentiert, und zwar bei einem Thema, zu dem wir Einstellungen erwiesenermaßen über die kognitive Komponente bilden, bei dem unser Gehirn Argumente also grundsätzlich willkommen heißt.

Doch welche Argumente will es hören?

In Betracht kommen ja grundsätzlich drei Gruppen von Argumenten: (scheinbar) neutrale Argumente, Argumente aus meiner Sicht und Argumente aus der Sicht meines Gegenübers.

Wenn die kognitive Komponente bei Themen aktiv ist, die jemanden ganz konkret betreffen, von denen sich jemand einen konkreten Nutzen verspricht, dann ist damit auch völlig klar, welche Argumente ausschließlich wirken: solche, die dieser Person *ihren* Nutzen vor Augen führen. Und sonst keine.

Gern glauben wir auch in einem solchen Fall, unser Gegenüber ginge völlig ergebnisoffen an »die Sache« heran und müsste nur die richtigen »sachlichen« Argumente vorgetragen bekommen. Aber jeder, der von einem Thema betroffen ist, *hat* bereits seine Einstellung dazu: Ihre Chefin zum Beispiel geht *nicht* völlig ergebnisoffen an die Frage heran, ob sie Ihnen gerne eine 20-prozentige Gehaltserhöhung geben möchte. Ein Autoverkäufer hört sich *nicht* ergebnisoffen Ihre Argumente dazu an, ob er Ihnen einen großzügigen Rabatt einräumen sollte. Ihre zwölfjährige Tochter diskutiert *nicht* ergebnisoffen mit Ihnen darüber, ob sie mit ihren Freundinnen am Freitagabend schon ausgehen darf.

Selbst in dem einzigen Fall, in dem Argumente zur Einstellungsänderung überhaupt taugen, können wir mit Argumenten in »der Sache« also nichts ausrichten.

Unterm Strich bleibt damit überhaupt kein Fall, bei dem ein Argument in »der Sache« uns jemals weiterbringt.

Wie hingegen verhalten wir uns im Alltag? Wir versuchen oft »sachlich« zu argumentieren, was ja schon an sich nicht hilft. Aber wir machen es noch schlimmer: Wir glauben, Sachargumente zu präsentieren – doch in Wirklichkeit begründen wir unsere Bitte nur aus unserer eigenen Sicht.

In dem Verkäuferbeispiel ist das so offensichtlich, dass kein Verkäufer, der bei Trost ist, diese »Strategie« wählt. Aber wie verhalten wir Nichtprofiverkäufer uns in unserem normalen Alltag?

Ist unser Alltag nicht voll von Sätzen wie diesen:

- ▸ »Ich bin sehr lärmempfindlich und brauche daher ein Einzelbüro.«
- ▸ »Spanische Austauschstudentin sucht dringend bezahlbares Zimmer. Habe leider nicht viel Geld! Wer hilft?«
- ▸ »Ich möchte nächsten Monat wieder arbeiten gehen, daher ist es wichtig, dass mein Kind seinen Kitaplatz pünktlich bekommt.«
- ▸ »Dieser Job wäre für mich eine spannende Herausforderung.«
- ▸ »Ich habe akute Zahnschmerzen; können Sie mich bitte in der Sprechstunde schnell dazwischenschieben?«
- ▸ »Ausfahrt – bitte frei halten.«

Wenn Sie diese Beispiele in einem Buch lesen, scheint es so offensichtlich, dass man mit ihnen nicht weiterkommt. Aber wir benutzen diese Methode ständig. Warum merken wir es in dem Moment nie?

So finden Sie heraus,
welche Argumente wirken

Der Glaube, selbst bei »der Sache« ginge es immer nur um uns, ist tief in unser Gehirn eingebrannt. In der Psychologie nennen wir ihn »Egozentrismus«. Das bedeutet: Es ist unser Standard-Betriebsmodus, alles zuerst aus unserer eigenen Perspektive zu sehen.

Und oft bleiben wir bei dieser ersten Sichtweise für immer stehen.

Kinder *können* noch nicht anders, als egozentrisch zu denken. Das belegt der berühmte »Drei-Berge-Versuch« des ebenso berühmten Entwicklungspsychologen Jean Piaget: Er stellt kleine Kinder vor eine Modelllandschaft mit drei unterschiedlich großen Bergen und fragt sie: »Kinder, was seht ihr?«

Die Kinder antworten: »Einen kleinen Berg, einen mittelgroßen Berg und einen ganz großen Berg.«

Dann setzt er eine Puppe auf den höchsten Berg und lässt sie nach unten schauen.

Und er fragt die Kinder: »Was sieht die Puppe?«

Die Kinder antworten wieder: »Einen kleinen Berg, einen mittelgroßen Berg und einen ganz großen Berg.«

Dabei würde man von dort oben aus nur nach unten schauen und zwei kleinere Berge sehen.

Die Kinder sind also intellektuell nicht in der Lage, sich eine andere Position als die eigene auch nur vorzustellen. Deshalb versteht ein kleines Kind auch nicht, wenn man ihm im Supermarkt sagt: »Bitte hör auf zu schreien, das ist sonst für die Mama sehr peinlich.«

Später, wenn wir älter werden, lernen wir dazu. Wir können dann den Egozentrismus in unserem Kopf überwinden. Doch er *bleibt* unser Standard-Betriebsmodus.

Denn unser Gehirn ist sehr faul. Dieser Umstand wird in diesem Buch noch oft eine Rolle spielen. Unter mehreren Möglichkeiten wählt unser Gehirn immer diejenige, die ihm am wenigsten Arbeit bereitet – wenn wir nicht bewusst eingreifen und ihm eine andere Route vorgeben. Doch das kostet viel Aufmerksamkeit und Anstrengung – wie alles, was vom Standard-Betriebsmodus abweicht. Unser Gehirn liebt hingegen den Autopiloten – und zum Autopiloten gehört der Egozentrismus. Deshalb fallen wir rund um die Uhr auf unseren Egozentrismus herein.

Kürzlich bat mich ein Freund darum, eine Bewerbung für ihn durchzusehen. Er hatte sich auf mehrere Stellen beworben und war noch nicht einmal zu einem Vorstellungsgespräch eingeladen worden. Das machte mich neugierig, denn er war sehr gut qualifiziert. Also sah ich mir seine Unterlagen an. Hier ist sein Anschreiben – in Klammern habe ich, etwas überspitzt, die Gedanken eingefügt, die es bei manchem Personaler auslösen könnte:

Sehr geehrte Damen und Herren,

die Stelle als Referent in Ihrer Rechtsabteilung scheint wie geschaffen für mich:

[Aha. Sind *Sie* denn auch geschaffen für *uns*?]

Ich wollte schon immer gerne in einem Unternehmen der Luxusgüterindustrie arbeiten.

[Und unser Unternehmenszweck besteht nun einmal darin, Kindheitswünsche zu erfüllen.]

Schon während meines Jurastudiums in Köln und Genf sammelte ich erste Erfahrungen, als ich nebenbei für einen namhaften Uhrenhersteller jobbte. Ich merkte dabei, dass mich die Arbeit für die »schönen Dinge des Lebens« sehr erfüllt, vielleicht sogar glücklich macht, auch wenn ich weiß, dass das starke Worte sind.

[Prima, dann brauchen wir Ihnen ja kein Gehalt mehr zu zahlen. Für das große Glück in Ihrem Leben sind *Sie* sicher bereit, eine kleine Aufwandsentschädigung an *unser* Unternehmen zu leisten.]

Nach dem Examen entschloss ich mich zunächst, für eine Versicherung zu arbeiten. Doch das war so gar nicht meine Welt. Da wollte ich nur noch raus!

[Ich platze vor Spannung, wie diese Geschichte aus Ihrem Leben ausgehen wird ...]

Zum Glück konnte ich dann eine Stelle bei einem exklusiven Möbelhersteller antreten.

[Puh ...]

Dort arbeite ich erfolgreich seit nunmehr vier Jahren und möchte mich weiterentwickeln und meine Kenntnisse und Erfahrungen ausbauen.

[Sie wollen ja gleich drei Dinge auf einmal. Wie wär's mit einem Überraschungsei?]

Die Tätigkeit bei Ihnen wäre nun die Krönung meines bisherigen Berufsweges. Da ich seit meiner Kindheit begeisterter Tennisspieler bin, kenne ich Ihre Sportkollektionen schon seit Langem »hautnah«. Eine Tätigkeit in Ihrer Rechtsabteilung würde mir nun Gelegenheit geben, mich für Produkte einzusetzen, die ich mag, und dabei meine besonderen Kenntnisse im Marken- und Wettbewerbsrecht aus einem Schwerpunktseminar im Studium besser zu nutzen.

[Wir bauen Ihnen auch einen Hallentennisplatz, damit Ihr früher Tennisunterricht nicht umsonst war.]

Ich würde mich sehr freuen, Ihnen bei einem persönlichen Gespräch meine Motivation weiter erläutern zu können.

[Danke, die haben wir verstanden.]

Im Vergleich zu den üblichen »… hiermit bewerbe ich mich auf die o. g. Stelle …«-Schreiben wirkt dieser Brief recht frisch und unkonventionell. Auch enthält er durchaus wichtige Informationen für das Unternehmen: Dass der Bewerber eine für die Stelle passende Spezialausbildung hat, dass er die Produkte des Unternehmens gut kennt und mag und dass er über einschlägige Berufserfahrung verfügt.

Das Problem liegt in der Darstellung. Und die Darstellung in diesem Schreiben zeigt lehrbuchartig, wie wir ticken: Wir gehen immer von unserer eigenen Position aus. Nicht umsonst nennen viele das Anschreiben bei einer Bewerbung »Motivationsschreiben«. Das hat zu dem verheerenden Missverständnis geführt, das höchste Ziel einer Bewerbung läge darin, die Motivation des Bewerbers für die Stelle hieb- und stichfest zu belegen.

Ich hätte dieses Schreiben hier nicht abgedruckt, stellte es eine Ausnahme dar. Jeder Personaler wird Ihnen bestätigen, dass solche Schreiben die traurige Regel sind.

Und sie sind es nicht nur bei der Bewerbung: Sehr oft im Leben texten wir »Motivationsschreiben« und halten »Motivationsreden«, wenn wir etwas von anderen erreichen wollen.

So lassen Sie sich nicht von den falschen Scheinwerfern blenden

Ist es denn so schädlich, den anderen zu erläutern, warum etwas für Sie so wichtig ist? Nein, schädlich ist es nicht. Jedenfalls nicht immer. Sie helfen dem anderen, die Situation zu verstehen, Ihre Beweggründe zu begreifen. Der andere wird möglicherweise verstehen, dass er sehr zu Ihrem Wohl beitragen würde, wenn er dies oder das täte. Bloß: Den Impuls, dass er zu Ihrem Wohl beitragen *will*, den haben Sie mit der Erläuterung noch nicht gesetzt.

Die Menschen um uns herum unterliegen nämlich genauso dem Egozentrismus wie wir selbst. Sie denken Tag und Nacht vor allem daran, was sie selber wollen und brauchen. In diesem Gedankenapparat ist jede noch so schön aufbereitete Information darüber, was *andere* gerne hätten, nebensächlich.

Wir vergessen zu leicht, *wie* sehr alle anderen Menschen mit sich selbst und ihren eigenen Problemen beschäftigt sind. Wir laufen durch den Tag und denken bang: »Was denken die anderen von mir?« Dabei sind die anderen viel zu sehr damit beschäftigt, sich zu überlegen: »Was denken die anderen von *mir*?«

Selbst die größten »Peinlichkeiten« bleiben oft völlig unbemerkt: Wir denken, alle Welt schaut auf uns im Scheinwerferlicht – dabei nimmt gar niemand überhaupt Notiz von uns und unseren Nöten und Wünschen.

Diesen Effekt nennen wir in der Psychologie den »Spotlight-Effekt«. Er besagt: Wir überschätzen dramatisch das Interesse, das andere Menschen uns entgegenbringen. Der Spotlight-Effekt ist mehrfach experimentell bewiesen, und in Seminaren beweise ich ihn jedes Mal wieder neu: Ich schmuggle einen Lockvogel zwischen die Teilnehmer, der einen riesigen Zahnpastafleck auf seinem Hemd hat. Mit riesig meine ich: einen Durchmesser von fünf Zentimetern.

Ich frage dann das Publikum: »Wie fühlen Sie sich, wenn Sie morgens auf dem Weg zur Arbeit merken, dass Sie sich mit Zahnpasta bekleckert haben?«

Die Antwort der meisten: »Ich würde mich den ganzen Tag schämen, weil alle auf den Fleck starren.«

Dann frage ich: »Wer von Ihnen hat denn hier im Raum heute schon jemanden mit einem solchen Fleck gesehen?«

In der Regel ist der Lockvogel bis dahin nicht einmal den Leuten aufgefallen, die direkt neben ihm sitzen.

So sehr kreist jeder rund um die Uhr um sich selbst.

Die Kundenserviceabteilungen mancher großer Unternehmen sind Meister darin, sich nicht näher dafür zu interessieren, was ihr Gegenüber – der Kunde – will, welches Problem er genau hat. Sie reden, schreiben und werkeln ins Blaue hinein, dass es (k)eine Freude ist. Oder einen in den Wahnsinn treibt, je nachdem, wie fortgeschritten das Stadium ist. Wahrscheinlich haben Sie diese Erfahrungen auch schon gemacht: Sie rufen bei einer Hotline an oder schreiben eine E-Mail an einen sogenannten »Kundendialog«. Mündlich wie schriftlich bekommen Sie immer nur den gleichen Textbaustein als Antwort – der völlig an Ihrem Problem oder Ihrer Frage vorbeigeht. Natürlich fehlen dort nicht Beteuerungen wie »Ihr Anliegen ist uns wichtig«. Der Kundendialog ist ein Kunden*monolog*, und zwar einer mit vielen Wiederholungen. Und Sie fühlen sich unglaublich hilflos und fragen sich: Wie in aller Welt bekomme ich die Leute dazu, mir richtig zuzuhören?

Fairerweise sollte man sagen, dass nicht nur große Konzerne davon betroffen sind, bei denen die eine Hand nicht weiß, was die andere macht. Selbst kleine inhabergeführte Unternehmen, bei denen sich alle Hände in einer vereinen, bekommen es oft nicht besser hin. Eines sonnigen Maitages suchte ich zum Beispiel auf dem Münchner Viktualienmarkt frischen Waldmeister, weil ich für den Abend ein paar Freunde zu einer Maibowle eingeladen hatte. Ich versuchte es damit, mein Anliegen kurz zu schildern:

»Ich brauche große, reife Waldmeisterblätter, um daraus heute Abend eine Maibowle zu machen.«

Die Verkäuferin kramte ein Blumentöpfchen mit einem winzigen Stängel unter der Theke hervor.

»Den können's einpflanzen.«

»Äh … Ja. Ich brauche nichts zum Einpflanzen, sondern für eine Bowle.«

»Den können's einpflanzen. In einem Garten. Ham's an Garten?«

»Nein, ich habe keinen Garten. Darum geht es auch gar nicht. Ich möchte aus dem Waldmeister eine Bowle machen.«

»Der wächst. Da können's dann nächstes Jahr eine Bowle machen.«

»Ich habe meine Freunde für heute Abend eingeladen.«

»Der macht sich im Garten sehr, sehr schön, unten auf dem Boden, unter den Blumen und Bäumen. Ein Bodenbedecker.«

»Danke, ich schau erst mal noch weiter …«

Die Verkäuferin blickte nachdenklich auf ihre kleine Pflanze und murmelte: »Schad' drum …«

Wenn andere uns so behandeln, merken wir schnell, wie absurd das ist. Aber wenn wir selbst so handeln, merken wir es nicht. Die Lösung zu diesem Problem hat sich in der Wissenschaft in den letzten Jahren zu einem besonders beliebten Forschungsobjekt entwickelt. Damit beschäftigen wir uns im folgenden Kapitel.

Fakten und Effekte

Kognitive Komponente der Einstellung

Shavitt, S. (1990): The Role of Attitude Objects in Attitude Functions. *Journal of Experimental Social Psychology*, 26 (2), 124–148

Fabrigar, L. R.; Petty, R. E. (1999): The Role of the Affective and Cognitive Bases of Attitudes in Susceptibility to Affectively and Cognitively Based Persuasion. *Personality and Social Psychology Bulletin*, 25, 363–381

Egozentrismus

Piaget, J. (2003): *Das Weltbild des Kindes*. München: Deutscher Taschenbuch Verlag

Caputi, M.; Lecce, S.; Pagnin, A.; Banerjee, R. (2012): Longitudinal Effects of Theory of Mind on Later Peer Relations: The Role of Prosocial Behavior. *Developmental Psychology*, 48 (1), 257–270

Frankenberger, K. D. (2000): Adolescent Egocentrism: A Comparison Among Adolescents and Adults. *Journal of Adolescence*, 23 (3), 343–354

Tesch, S.; Whitbourne, S. K.; Nehrke, M. F. (1978): Cognitive Egocentrism in Institutionalized Adult Males. *Journal of Gerontology*, 33 (4), 546–55

Spotlight-Effekt

Gilovich, T.; Medvec, V. H.; Savitsky, K. (2000): The Spotlight Effect in Social Judgement: An Egocentric Bias in Estimates of the Salience of One's Own Actions and Appearance. *Journal of Personality and Social Psychology*, 78, 211–222

3. So kriegen Sie trotzdem, was Sie wollen

»Gläser runter«, zischte noch schnell jemand, als der Pressefotograf losknipste. Wir schauten wichtig in die Kamera, hinter uns die breite Fensterfront mit Blick aufs Brandenburger Tor.

Ein befreundeter Verband gab einen Abendempfang – eine von vier Veranstaltungen, die man als Politiker oder als Lobbyist in unserer Branche an diesem Abend in Berlin besuchen konnte. Manche gingen zu allen vier Terminen, andere zu gar keinem – je nachdem, wer einen zu Hause erwartete, was man dort noch im Kühlschrank vermutete und welche dringenden Dinge es gerade zu besprechen gab. Hier waren etwa 80 Gäste, das ist viel im politischen Berlin, wo sich unzählige Abendveranstaltungen einen brutalen Verdrängungswettbewerb liefern.

Ein neuer Kollege war in der Runde und hatte offenbar noch nicht die eiserne Grundregel für solche Veranstaltungen kennengelernt: Wenn geknipst wird, hält man schnell das Bier aus dem Bildausschnitt, damit es hinterher nicht wie ein Partygelage aussieht.

Denn Partygelage sind solche Veranstaltungen nicht. »Du hast es gut, kannst jeden Abend umsonst essen und trinken«, meinten meine Freunde. Das stimmte zwar – doch wenn man dieses »Angebot« jeden Abend wahrnimmt, kann man zum einen recht bald den gesamten Inhalt seines Kleiderschranks neu kaufen, und zwar drei Nummern größer. Zum anderen trifft man ohnehin jeden Abend dieselben Leute. Die Lobbyisten sind dort immer mit ganz konkreten Missionen, nämlich bestimmten Leuten bestimmte Botschaften zu »verkaufen«. Und die armen Politiker müssen sich die immer gleichen Botschaften anhören. Ein zwangloser Feierabend sieht für alle Beteiligten anders aus.

»Ich geh dann mal wieder arbeiten«, sagte folgerichtig eine Kollegin, bevor sie sich umdrehte und auf einen wichtigen Abgeordneten der Koalition zurannte.

Wir Lobbyisten hielten zwischendurch oft miteinander einen kurzen Plausch, wenn wir gerade in der Warteschleife waren. Warteschleife bedeutete: Der wichtige Gesprächspartner, der als Nächster auf unserer Liste stand, war gerade belegt. Wichtige Entscheider sind fast immer belegt. Unterbrechen ist *unhöflich* und Schlange stehen *unwürdig*. Also unterhielten wir uns miteinander, schauten uns dabei aber selten gegenseitig an. Der Blick kreiste und verlor nie den nächsten Wunschgesprächspartner aus dem Fokus. Wurde der frei, so hatte jeder Kollege Verständnis dafür, wenn man mitten im Satz aufbrach.

Manche waren des ewig gleichen Small Talks und der ewig gleichen Leute aber auch derart überdrüssig, dass sie ihre Warteschleife noch ganz anders verbrachten. »Ich schließe mich oft 20 Minuten auf dem Klo ein und bearbeite E-Mails. Dann komme ich wieder raus und schaue, wie die Lage ist«, gestand mir einmal ein Kollege.

Ich beobachtete die Kollegin, die gerade losgerannt war. Der wichtige Abgeordnete hatte an diesem Abend schon mit vielen Leuten gesprochen – oder besser gesagt: War besprochen worden. Er stand in Hörweite von mir, sodass ich auch den Inhalt der Gespräche mitbekam: »Für uns ist wichtig, dass ...«, sagte da jemand. Oder: »Wir fordern, dass ...« Dann folgte ein längerer Monolog des Lobbyisten. Der Abgeordnete blickte gelangweilt um sich, winkte, wenn eine Bedienung mit Bier vorbeikam. Sein Gesprächsanteil beschränkte sich auf Aussagen wie »Hm ...«, »Aha ...« und, im ausführlichsten Fall: »Ja, das haben Sie ja bereits mehrfach geäußert.«

Der wichtige Abgeordnete stand auch auf meiner Liste für diesen Abend. Schon oft hatte er unsere Position höflich, aber gelangweilt entgegengenommen. Doch inzwischen hatte ich dazugelernt und würde diesmal eine andere Strategie ausprobieren. Als er wieder frei wurde, ging ich schnell zu ihm und begrüßte ihn.

»Mit welchen Problemen kämpfen Sie gerade so?«, eröffnete ich das Gespräch.

Verdutzt sah er mich an. Er war es gewohnt, dass ihm die Leute von *ihren* Problemen berichteten, von *ihren* politischen »Forderungen«. Dass ihn jemand nach *seinen* Problemen fragte, war so ungewöhnlich, dass es ihn für einen Moment aus der Fassung brachte. Aber er fing sich schnell.

»Ach, uns macht momentan diese neue Partei große Sorgen. Die kümmert sich um Internet- und Netzpolitik und hat damit riesige Erfolge. Das scheint die Leute ja wahnsinnig gut abzuholen. Wir fürchten große Verluste bei den nächsten Wahlen ...«

Und plötzlich kippte die Situation: *Er* hielt den Monolog und *ich* hörte zu. Er redete fast eine halbe Stunde. Ich bestellte noch ein Bier. Und hörte ihm weiter zu.

»Wie kann ich Ihnen denn da helfen?«, fragte ich, als er kurz Atem holte.

»Hm ... Also wenn Sie mir so drei, vier aktuelle Netzthemen liefern könnten, mit denen ich mich in der Fraktion profilieren kann und die Fraktion sich mit mir – das wäre fantastisch. Ich habe mich bisher mit solchen Themen noch nicht so intensiv befasst. Das Internet kenne ich natürlich! Aber offen gestanden: Was ›Netzpolitik‹ sonst noch sein soll, das kann ich mir gar nicht so recht vorstellen ...«

Am nächsten Tag mailte ich ihm ein kurzes Memo. Es enthielt eine Handvoll Themen – wichtige Anliegen »meiner« Unternehmen, nur eben zugespitzt auf den »Netzbezug«, den er so dringend brauchte. Darunter waren Themen wie die Vorratsdatenspeicherung, die Freiheit im Internet und die GEZ-Gebühr auf Computer. Themen, zu denen er schon vorher regelmäßig Stellungnahmen von mir bekommen, sich aber noch nie für unsere Interessen eingesetzt hatte.

Mit einem Mal war alles anders. In den folgenden Monaten wurde er einer unserer brennendsten Fürsprecher. Er erntete in der Fraktion viel Respekt und seine Partei konnte endlich der neuen Partei Paroli bieten.

▶▶◀◀

Erinnern Sie sich an den Verkäufer im Elektronikmarkt aus Kapitel 2? Und an seine fiktive, seltsam anmutende »Strategie«?

In Wirklichkeit fragt jeder Verkäufer seine Kunden doch zuerst: »Wie kann ich *Ihnen* helfen? Was suchen *Sie*?« Obwohl er selbst etwas möchte: verkaufen.

Und wieder ist es so: Was für den Verkäufer so einleuchtend klingt, vernachlässigen wir »normalen« Menschen sträflich, wenn wir etwas von anderen wollen. Wir kommen einfach nicht auf den Gedanken, der Weg zu unserem eigenen Willen könnte über die entscheidende Frage an den anderen führen: »Was willst *du*?«

In meinen »Du machst, was ich will«-Seminaren bitte ich am Anfang die Teilnehmer, mir in einem kleinen Rollenspiel ein Produkt zu verkaufen, zum Beispiel ein Handy. Das Setting des Rollenspiels: Wir sitzen zufällig an einem Flughafengate nebeneinander und warten. Der Teilnehmer arbeitet für einen Handyfabrikanten und will die Gelegenheit nutzen, mich, den fremden Mitwartenden, als Kunden zu gewinnen. Er hat noch eine Minute bis zum Boarding.

Fast alle Teilnehmer reden sofort drauflos und erläutern mir ins Blaue hinein, welche großartigen Eigenschaften dieses neue Handy aus ihrem Hause hat. Dann ist die Minute auch schon um. Nur einer von zehn beginnt mit Fragen an mich wie: »Wer sind Sie, was machen Sie, was brauchen Sie?«

In Kapitel 2 haben wir über die egozentrische Umgebung gesprochen: Jeder sieht die Welt von seinem Standpunkt aus, beschäftigt sich fast zu 100 Prozent der Zeit mit seinen Wünschen, seinen Problemen, seinen Sorgen.

So funktioniert die menschliche Psyche.

An unser Ziel kommen wir, wenn wir den Standard-Modus der menschlichen Psyche zugleich erkennen und für uns selbst verlassen: Wenn wir selbst den Egozentrismus überwinden und in sein Gegenteil verkehren.

So nutzen Sie das Wunderkind der Wissenschaft

Dieses Gegenteil nennt man Empathie. Empathie bedeutet so viel wie »in den Schuhen des anderen gehen.« Die Welt für einen klitzekleinen Augenblick aus der Sicht des anderen sehen. Die Sorgen des anderen spüren, seine Bedürfnisse, seine Gefühle.

Ganz unterschiedliche Wissenschaftsdisziplinen haben in den letzten Jahren die Empathie als ein zentrales Element für ganz unterschiedliche Bereiche entdeckt: für Führungskompetenz, für Verkaufskompetenz, für pädagogische Kompetenz, für funktionierende Paarbeziehungen, in der Psychotherapie, als Teil der sozialen und der emotionalen Intelligenz. Die Empathie gilt heute vielen als *das* Wundermittel für eine menschlichere, friedlichere Welt, in der jeder die Bedürfnisse des anderen respektiert und trotzdem – oder gerade deswegen – auch selbst bekommt, was er will.

Zur Empathie hat daher ein regelrechter Forschungsboom eingesetzt. Es gibt inzwischen unterschiedliche Tests, um die Empathiefähigkeit von Menschen zu beurteilen. Neurowissenschaftler haben sogenannte Spiegelneuronen entdeckt: Sie weisen in unserem Gehirn die gleiche Aktivi-

tät auf, egal, ob wir selbst eine bestimmte Handlung ausführen oder jemandem dabei zusehen, der diese Handlung
ausführt. Spiegelneuronen werden inzwischen als eine
mögliche biologische Grundlage für die Empathie angese-
hen.

Das Prinzip der Empathie hört sich unglaublich banal
an – und doch nutzen wir es im Alltag fast nie. Sonst würde
nicht so viel darüber geforscht – und sonst *hätten* wir überhaupt keine zwischenmenschlichen Probleme. Und bekämen immer, was wir wollen. In der Praxis ist die Empathie
also offenbar lange nicht so einfach, wie sie klingt.

Selbst die Profis tun sich immer wieder schwer damit: In
einer Umfrage bemängelten Mitarbeiter in Abgeordnetenbüros, es gebe immer noch zu viele Lobbyisten, die »ernsthaft meinen, dass Politik nach rationalen Gesichtspunkten
abläuft«, und sich nicht darum kümmern, »aus welcher Perspektive« ihre Gesprächspartner ganz persönlich die Sache
sehen, wie »sie ticken«. Die sich im Traum nicht vorstellen
können, dass es auch andere Sichtweisen gibt als ihre eigene. Selbst hier ist es verdammt schwer mit dieser Empathie.

Wie soll es uns da im ganz normalen Alltag anders gehen? Erinnern Sie sich nur einmal an Ihren letzten Streit
mit dem Partner, an Ihre letzte Diskussion mit den Kindern, an Ihr letztes unschönes Gespräch mit der Kollegin:
Versuchen Sie, in drei Sätzen zu formulieren, was der *andere* damals genau von Ihnen wollte. Wenn Sie das können,
dann sind Sie schon ein gutes Stück auf dem Weg der Empathie gegangen. Die meisten Menschen hören in einer
Diskussion gar nicht so genau zu, worum es dem anderen
eigentlich geht. Wir geben uns keine große Mühe, einen

fremden Standpunkt zu verstehen, weil er uns nicht interessiert. Oft sagen wir das dem anderen auch klar ins Gesicht: »Ich verstehe gar nicht, was du eigentlich von mir willst.« Und das finden wir nicht weiter problematisch.

Aber *ohne* dieses Verständnis bekommen wir niemals unseren eigenen Willen erfüllt.

So räumen Sie Hindernisse aus

Das Problem ist: Wir haben einen natürlichen Schutzschild dagegen, uns näher auf fremde Standpunkte einzulassen.

 Es war 20 Minuten vor Fristablauf, und die Dame am Telefon klang wirklich verzweifelt – und ehrlich überrascht: »Aber wer kann das denn anders sehen? Das gibt's doch gar nicht!«

Sie war Senior Manager in der Abteilung »Regulierung« eines großen Internetproviders, eines wichtigen Mitglieds unseres Verbandes. Wir arbeiteten gerade an einer gemeinsamen Stellungnahme für ein Bundesministerium.

Der Verband, der auf meinem Hausausweis stand, hatte über 1.000 Mitgliedsunternehmen, darunter große Weltkonzerne, aber auch sehr viele mittelständische und kleinere Unternehmen. Meine Aufgabe bestand darin, alle diese Unternehmen mit einer gemeinsamen Stimme sprechen zu lassen: der Stimme der Branche. Sie verkündet die »abgestimmte Branchenmeinung«.

Die »abgestimmte Branchenmeinung« ist ein wertvolles, schlagkräftiges Werkzeug, denn Ministerien und Abgeordnete greifen in der »Sachauseinandersetzung« dankbar auf sie zurück. Wie wir inzwischen festgestellt haben, ist diese »Sachauseinandersetzung« zwar nur ein Schaulaufen – die inhaltlichen Argumente beeinflussen am Ende selten jemanden wirklich im politischen Prozess. Aber es gehört eben zum »demokratischen Prozess«, sie wenigstens der Form halber abzufragen und »auszutauschen«. Und statt mit über 1.000 Unternehmen zu sprechen und deren Aussagen zu einem Gesamtbild zusammenzufügen, brauchen sie nur noch mit einem Ansprechpartner zu reden, um die Form zu wahren: mit dem Branchenverband. Zu den Themen, die ich innerhalb des Branchenverbandes verantwortete, kam also niemand an mir vorbei. Von allen Seiten wurde ich gefragt, was die Branche dazu sagte. Und ich durfte niemals ohne Antwort dastehen.

Dafür musste ich mit den 1.000 Unternehmen reden. Jedes Mal, wenn »die Branche« sich äußern wollte oder sollte.

Wer schon einmal einen Familienausflug mit vier Personen – großen und kleinen und unterschiedlichen Charakteren und Interessen – so organisiert hat, dass am Ende alle zufrieden waren, der kann sich vorstellen, wie schwer es ist, eine Familie mit über 1.000 Mitgliedern und unterschiedlichen Charakteren sowie Interessen unter einen Hut zu bringen in Angelegenheiten, bei denen es oft um nicht weniger geht als die Grundlagen ihrer Geschäftstätigkeit.

Dazu unterhalten die Verbände »Arbeitskreise«. Die Arbeitskreise behandeln bestimmte Themen, wie zum Beispiel Steuern oder Wettbewerbsrecht. Jedes Unternehmen im Verband kann den Arbeitskreisen beitreten, für die es sich interessiert. Die Arbeitskreise veranstalten Sitzungen, zu denen die Unternehmen ihre Vertreter schicken. Das sind oft Mitarbeiter aus der Abteilung »Government Relations« oder direkt aus der Rechtsabteilung. Oft kommen aber auch die jeweils betroffenen Fachabteilungen, wie zum Beispiel Technik oder Marketing.

Bei den Sitzungen diskutieren die Anwesenden aktuelle Themen. Meine Aufgabe bestand darin, die Teilnehmer zunächst über den aktuellen Stand zu informieren, sodass alle auf der gleichen Ebene diskutieren konnten. Denn manche Unternehmen beschäftigen zehn, 20 oder mehr Spezialisten in ihrer Lobbyabteilung, die sich bereits sehr genau mit einem Gesetzentwurf auseinandergesetzt haben. Sie haben die möglichen Folgen analysiert und sich eine detaillierte Meinung gebildet. »Für jeden Paragrafen einen eigenen Spezialisten«, ging es oft ehrfürchtig durch die Reihen, wenn ein solches Unternehmen bei öffentlichen Anhörungen mit einem Dutzend Vertreter auftauchte.

Andere *haben* nicht einmal eine Lobbyabteilung und schicken zum Beispiel jemanden aus der »Kommunikation«, der von dem Gesetzentwurf vielleicht bisher noch gar nichts gehört hat.

Das hat oft mit der Größe des Unternehmens zu tun, aber nicht zwingend: Es gibt Weltkonzerne, die sich erstaunlich wenig um ihre Lobbyarbeit kümmern, und es gibt kleine Unternehmen, die sehr gut erkannt haben, dass ein Federstrich des Gesetzgebers ihr Geschäftsmodell von heute auf morgen zerstören kann. Wenn die gesetzlichen Grundlagen eines Landes das Geschäftsmodell nicht mehr tragen, dann wird jede andere Abteilung überflüssig, ganz gleich, wie groß sie ist und für wie wichtig sie sich hält. Die Lobbyab-teilung ist für nichts weniger verantwortlich als dafür, dass auch morgen noch die Produktionsbänder laufen, die Ver-käufer ihre Kunden ansprechen können und Umsätze statt-finden, aus denen die Mitarbeiter ihre Gehälter gezahlt be-kommen.

Sobald in den Arbeitskreisen alle informiert waren, be-stand meine Aufgabe darin, die Diskussion zu moderie-ren – und am Ende zu einer Branchenmeinung zu finden.

Dabei praktizierte ich das absolute Konsensprinzip: Als Branchenmeinung vertrat ich nach außen nur Aussagen, denen alle Unternehmen zugestimmt hatten. Die Stimme jedes Unternehmens zählte dabei prinzipiell gleich viel, egal, ob das Unternehmen eine Milliarde Jahresumsatz machte oder 50.000 Euro. Jedes Unternehmen konnte eine Branchenmeinung zu Fall bringen, wenn es sie nicht mittrug.

Manche Verbände praktizieren auch das Fußnotenprin-zip: »Abweichler« von der Branchenmeinung bekommen ein Sondervotum in einer Fußnote. Das macht die Abstim-mung zwar wesentlich einfacher, nimmt der Branchenmei-nung aber so viel Schlagkraft, dass ich dieses Prinzip nie genutzt habe.

Lieber führte ich nach den Sitzungen noch einige Telefon-konferenzen mit den Unternehmen, bis wir eine Formulie-rung fanden, der alle zustimmen konnten. Der gemeinsame Nenner war manchmal erstaunlich konkret, manchmal aber blieb am Ende nur noch die Forderung an den Gesetzgeber übrig, »eine interessengerechte Lösung zu finden«.

Gesetzesinitiativen können von der Bundesregierung kommen oder aus dem Bundesrat oder dem Bundestag.

Meistens kommen sie aus der Bundesregierung. Dann läuft es so: Ein Ministerium entwirft ein Gesetz. Der Entwurf entsteht dort in einem bestimmten Referat, also auf der unteren Arbeitsebene, bei den Leuten, die im Zweifel am meisten von der Sache verstehen. Deshalb nennt man diesen ersten Entwurf auch »Referentenentwurf«. Bekommen die Medien davon Wind, titeln sie oft bereits zum Beispiel: »Mietrecht wird geändert« – obwohl der Referentenentwurf noch weit von einem Gesetz entfernt ist, das dann – vielleicht – irgendwann einmal in Kraft treten wird.

Und doch wird das Gesetz meist nie wieder in so kompetente Hände gelangen wie in seiner Geburtsstunde. In allen weiteren Stationen – Spitze des Fachministeriums, Bundeskabinett, Bundestag, Bundesrat – werden es Menschen diskutieren und verändern, die weniger von dem Thema verstehen als der Fachreferent, von dem der erste Entwurf stammt. Nicht selten verstehen sie sogar gar nichts davon – und doch reden und bestimmen alle mit.

Den Referentenentwurf schickt das Ministerium an die Verbände der betroffenen gesellschaftlichen Gruppen – verbunden mit dem Aufruf, dazu innerhalb einer bestimmten Frist eine Stellungnahme abzugeben.

Ich hatte also alle paar Wochen, manchmal aber auch alle paar Tage und in seltenen Fällen sogar mehrmals täglich einen Gesetzentwurf in meinem E-Mail-Postfach.

Natürlich werden nicht alle Themen so bequem per Mail an einen Lobbyisten herangetragen – darauf darf er sich auf keinen Fall verlassen. Jeder Lobbyist ist daher auch ständig aktiv auf Themensuche, durchforstet Pressemeldungen, Tagesordnungen von Ausschüssen und beobachtet aufmerksam alle Vorgänge im politischen Raum. Bundestag und Bundesrat unterhalten ein ausgefeiltes Recherchesystem im Internet, dort lässt sich jeder Entwurf, jeder Antrag, jeder Verfahrensstand nachschlagen. Wichtig sind aber auch die ständigen persönlichen Gespräche, um von diesen Vorgängen möglichst schon zu erfahren, *bevor* sie in das Informationssystem gelangen – manchmal auch, um zu verhindern, dass ein Thema überhaupt auf die offizielle politische Agenda kommt. Das nennt man dann »präventive Lobbyarbeit«.

Jeden Gesetzentwurf leitete ich an die Arbeitskreise weiter, die es betraf. Ich bat die Unternehmen um ihre Einschätzung: Welche Auswirkungen hätte ein solches Gesetz für sie? Was wäre schädlich, was wäre gut, was sollte aus ihrer Sicht gestrichen, ergänzt oder geändert werden?

Unterschiedliche Unternehmen meldeten sich daraufhin mit ganz unterschiedlichen Einschätzungen zurück. Manche schickten 50 Seiten, manche nur einen Satz. Manche einen Tag vor Fristende, manche schrieben abends um elf, sie würden es erst morgen schaffen. Oder in zwei Tagen. Oft setzte die Politik ihre Fristen tatsächlich unverschämt kurz.

Ich sah mir dann die Einschätzungen der Unternehmen an, druckte sie aus, legte sie nebeneinander. Oft über Nacht – mehr Zeit war manchmal nicht – versuchte ich aus einem Stapel von Stellungnahmen die Gemeinsamkeiten der unterschiedlichen Positionen herauszulesen. Daraus schrieb ich einen Entwurf für »die Branchenmeinung«, den ich wieder an alle verschickte, wieder mit der Bitte um Rückmeldung. Kamen keine Proteste, war mein Entwurf

»durch« und konnte so beim Ministerium eingereicht werden. Reichte die Zeit, gab es weitere Abstimmungsrunden mit den überarbeiteten Entwürfen. In der Regel *kamen* Proteste. Die Unternehmen kämpften um jedes Wort. Auch wenn die Unternehmen im Verband gemeinsame Interessen verfolgen, so bleiben sie doch Konkurrenten. Und so kann es passieren, dass ein Unternehmen eine für die Branche nachteilige Regulierung befürwortet, weil sie die Wettbewerber noch mehr treffen würde als es selbst.

Hier hatte ich darauf zu achten, dass die Unternehmen den Verband nicht nutzten, um sich gegenseitig zu schaden. Manchmal setzte ich kurzfristig noch eine kleinere Telefonkonferenz an, um einen Kompromiss im Kampf um die Worte zu finden. Oder ich führte Einzelgespräche.

So wie an diesem Nachmittag, als mich die aufgeregte Dame anrief. Es war die zweite und letzte Abstimmungsrunde, und ein Satz von ihr war aus der Stellungnahme herausgefallen. Ein anderes Unternehmen hatte dagegen protestiert, damit war der Satz nicht konsensfähig. In dem betreffenden Arbeitskreis waren nur etwa 20 aktive Unternehmen. Und dass es mit mindestens einem davon einen Interessenwiderspruch gab, war völlig offensichtlich. Dazu brauchte man sich nicht sehr viel näher mit der Sache zu beschäftigen. Trotzdem war die Dame aus allen Wolken gefallen, als sie erfuhr, dass jemand irgendetwas anders sehen könnte als sie.

»Sicher nur die erste Aufregung«, dachte ich, und gab ihr eine Chance: »Sie wissen ja, wer sonst noch im Arbeitskreis ist. Dreimal dürfen Sie raten, wer eine andere Meinung haben könnte.«

Stille am andern Ende der Leitung.

Nach einer ganzen Weile sagte sie: »Ich kann es mir wirklich nicht vorstellen.«

▶▶◀◀

Selbst wenn wir ausdrücklich darüber nachdenken, können wir uns nur schwer vorstellen, dass andere die Welt mit anderen Augen sehen und Sachverhalte anders beurteilen als wir selbst.

Die meisten Menschen haben panische Angst davor, sich den Standpunkt eines anderen auch nur *vorzustellen*, geschweige denn anzuhören – oder gar zu verstehen. Denn sie denken, damit hätten sie den fremden Standpunkt schon selbst übernommen – und den eigenen aufgegeben.

Aber das ist natürlich Unsinn. Wir können uns ohne jedes Risiko einen fremden Standpunkt anhören, ihn erkunden, zu verstehen versuchen, uns gar *vorstellen* – und dann doch wieder zurückkehren zu unserer eigenen Sichtweise und die nach wie vor und bis an unser Lebensende für die einzig richtige halten.

Ohne den Mut, zumindest gedanklich einmal auf die andere Seite zu wechseln, werden wir nie erfahren, mit welchem »Argument« wir unsere Zielperson überzeugen können.

So finden Sie die Lösung hinter der Fassade

Und wenn sich Ihre unterschiedlichen Positionen nun gegenseitig ausschließen? Dann können in der Lösung, die Sie anstreben, trotzdem Argumente für den anderen liegen. Denn was der andere wirklich will, was er wirklich braucht, zeigt sich oft erst, wenn wir hinter seine Position schauen, hinter seinen Wunsch: Hinter einer bestimmten Position können sich nämlich ganz unterschiedliche Bedürfnisse verbergen.

Und Bedürfnisse sind etwas ganz anderes als Wünsche und Positionen.

Wenn wir nicht bei den Positionen stehen bleiben, sondern auf die Bedürfnisse hinter den Positionen schauen, dann ergeben sich plötzlich ganz ungewohnte Lösungen – und zwar solche, die beiden Seiten nutzen. Und aus denen man für beide Seiten »Argumente« ablesen kann.

In einer berühmten Geschichte streiten sich zwei Schwestern um eine Orange. Beide wollen diese eine Orange.

Was kann man tun?

Man kann die Orange nur einer Schwester geben. Das wäre ungerecht – die andere ginge leer aus.

Man kann sie keiner Schwester geben. Das wäre gerecht, aber beide gingen leer aus.

Man kann die Orange in der Mitte teilen und jeder Schwester eine Hälfte geben. Das wäre gerecht, aber jede Schwester bekäme nur die Hälfte dessen, was sie will.

Am Ende wäre immer jemand enttäuscht.

Fragt man aber die Schwestern, *warum* sie jeweils die Orangen wollen, so stellt sich heraus: Die eine möchte einen Kuchen backen und braucht die Schale. Die andere möchte Saft pressen und braucht das Fruchtfleisch.

Plötzlich ist es möglich, dass jede zu 100 Prozent das bekommt, was sie eigentlich braucht.

Oft lassen sich die Bedürfnisse hinter einer Position gut erkennen. Manchmal aber auch nicht. Dann hilft die einfache Frage weiter: *Warum* willst du das?

Und mit dieser Einsicht machen wir eine kleine Praxisübung zum Schluss: Wir nehmen die alltäglichen Sätze aus Kapitel 2, überwinden den Egozentrismus und formulieren sie so um, dass die »Argumente« nicht aus unserer Sicht, sondern aus Sicht der Zielperson greifen:

- ▸ Aus »Ich bin sehr lärmempfindlich und brauche daher ein Einzelbüro« wird:
  »Wenn ich mehr Ruhe zum Telefonieren habe, kann ich in Zukunft auch die schwierigen Kundenanrufe übernehmen, die sonst bei Ihnen landen.«
- ▸ Aus »Spanische Austauschstudentin sucht dringend bezahlbares Zimmer. Habe leider nicht viel Geld! Wer hilft?« wird:
  »Willst du Spanisch üben? Spanische Austauschstudentin zieht gerne als Gesprächspartnerin bei dir ein – und zahlt sogar auch ein bisschen Miete.«
- ▸ Aus »Ich möchte nächsten Monat wieder arbeiten gehen, daher ist es wichtig, dass unsere Tochter den Kitaplatz pünktlich bekommt« wird:
  »Unsere Tochter ist eine talentierte Zeichnerin und kann anderen Kindern einiges beibringen.«

- Aus »Dieser Job wäre für mich eine spannende Herausforderung« wird: »Ihr Unternehmen steht ja im nächsten Jahr vor wichtigen Herausforderungen. Folgende Erfahrungen bringe ich mit, um Ihnen zu helfen: …«
- Aus »Ich habe akute Zahnschmerzen; können Sie mich bitte in der Sprechstunde schnell dazwischenschieben?« wird: »Ich brauche dringend ein hochwertiges Vollkeramik-Inlay. Ich bin privat versichert.«
- Aus »Ausfahrt – bitte frei halten« wird: »Wer hier parkt, wird abgeschleppt«.

Fakten und Effekte

Gesetzgebungsprozess

Grundgesetz für die Bundesrepublik Deutschland, Artikel 70 ff. (Die Gesetzgebung des Bundes)
DIP – Dokumentations- und Informationssystem für Parlamentarische Vorgänge, unter http://dipbt.bundestag.de/dip21.web/bt

Wahrnehmung der Lobbyisten in Abgeordnetenbüros

Dagger, S. (2009): *Mitarbeiter im Deutschen Bundestag.* Stuttgart: ibidem (Zitat: S. 60 f.)

Empathie

Miyashiro, M. R. (2011): *The Empathy Factor: Your Competitive Advantage for Personal, Team, and Business Success.* Puddledancer Press

Decety, J.; Svetlova, M. (2012): Putting Together Phylogenetic and Ontogenetic Perspectives on Empathy. *Developmental Cognitive Neuroscience*, 2, 1–24

Rizzolatti, G.; Sinigaglia, C. (2008): *Empathie und Spiegelneurone – die biologische Basis des Mitgefühls.* Frankfurt: Suhrkamp

Davis, M. H. (1996): *Empathy: A Social-Psychological Approach.* Boulder: Westview Press

Finke, J. (2004): *Empathie und Interaktion.* Stuttgart: Thieme

Spreng, R. N.; McKinnon, M. C.; Mar, R. A.; Levine, B. (2009): The Toronto Empathy Questionnaire: Scale Development and Initial Validation of a Factor-Analytic Solution to Multiple Empathy Measure. *Journal of Personality Assessment*, 91, 62–71

Verstehen vs. zustimmen

Bay, R. H. (2010): *Erfolgreiche Gespräche durch aktives Zuhören.* Renningen: Expert

Positionen vs. Bedürfnisse

Fisher, R.; Ury, W.; Patton, B. (2009): *Das Harvard-Konzept. Der Klassiker der Verhandlungstechnik.* Frankfurt/New York: Campus, 23. Auflage
Besemer, C. (2009): *Mediation: Die Kunst der Vermittlung in Konflikten.* Tübingen: Gewaltfrei Leben Lernen

II. DIE EMOTIONEN

4. Wirken Sie auf den Willen ein, nicht auf den Verstand

Es war noch ein halbes Jahr bis zur nächsten Bundestagswahl. Noch war die politische Welt aufgeteilt in Menschen, die etwas zu sagen hatten, und in solche, die nichts zu sagen hatten: In Abgeordnete und in solche, die erst noch gewählt werden wollten, in Ministeriale und in solche, die bei einem Wahlsieg ihrer Partei erst noch in ein Ministerium berufen werden wollten.

Wer etwas war, der wusste es, der war umlagert, alle wollten etwas von ihm.

Wer nichts war, der wusste es auch. Von ihm wollte niemand etwas. *Er* wollte etwas von anderen.

In diesen Tagen tat ich etwas, für das im Alltag eines Lobbyisten normalerweise wenig Platz ist: Ich richtete meine Aufmerksamkeit auf die, die *nichts* zu sagen hatten.

Ich durchforstete die Parteilisten der Wahlkreise und schrieb aussichtsreiche Kandidaten an. Ich sah mich nach Anwärtern für einflussreiche Posten in den Ministerien um. Ich bat um Treffen. Die Termine waren einfach und meist sehr kurzfristig zu bekommen, denn die Nachfrage war lange nicht so groß wie bei denen, die schon im Amt waren.

Mit diesen Menschen sprach ich ganz generell über aktuelle Themen. Ich fragte sie nach ihrer Meinung. Ich gab jedem von ihnen das Gefühl, bedeutend zu sein. Ich nahm das schon vorweg, was erst noch kommen würde: dass viele Menschen bei ihnen anstehen, weil sie etwas von ihnen wollen, und dass ihre Meinung zählt.

Die Wahl kam. Viele der von mir identifizierten Kandidaten wurden gewählt oder bekamen später gute Posten in den Ministerien.

Plötzlich *waren* sie wichtig und viele standen tatsächlich bei ihnen Schlange, wollten sie nun kennenlernen und dafür einen »Antrittstermin« vereinbaren. Doch in den ersten Monaten waren die frisch Gewählten völlig ausgebucht. Sie hatten zu viel anderes zu tun.

Wenn ich aber anrief, wurde ich immer sofort durchgestellt. Von vielen hatte ich sogar die Handynummer. Diese Leute hatten nicht vergessen, dass ich sie als wichtige Personen behandelt hatte, als sie es noch gar nicht waren. Uns verband ein besonderes Verhältnis: Meine Themen stießen immer auf Interesse und bekamen Gehör, für mich gab es stets einen Termin.

▶▶◀◀

Wissen wir, dass das Leben anderen Regeln folgt als denen der Vernunft, dann verschwenden wir erst gar nicht wertvolle Zeit und Energie damit, auf den Verstand einwirken zu wollen.

Wir wählen einen Weg, der dramatisch viel mehr Erfolg verspricht: die Einwirkung auf den *Willen*. Wir versuchen nicht mehr, andere in »der Sache« zu überzeugen – sondern wir aktivieren in ihnen den *Willen*, etwas für uns zu tun.

Das ist etwas völlig anderes.

Mit völlig anderen Regeln.

Argumentieren lernen wir schon in der Schule, und manche von uns bekommen später von ihrem Arbeitgeber sogar noch ein Rhetorik-Seminar spendiert.

Doch nach welchen Regeln die Motivation des Willens funktioniert, das wissen die meisten von uns nicht so genau.

Sicher, Vorgesetzte in Unternehmen bekommen ständig zu hören, dass und wie sie ihre Mitarbeiter »motivieren« sollen. Nicht selten nehmen sie auch an »Motivationsseminaren« teil. Trotzdem tun sich viele von ihnen oft erstaunlich schwer mit der simplen Wahrheit über die menschliche Psyche.

Das ist schade, denn im Wettbewerb zwischen Verstand und Motivation siegt immer die Motivation.

Diese zwei Grundregeln entscheiden über Ihren Erfolg

Motivation funktioniert nach einer sehr einfachen Grundregel. Sie lautet:

Wer Sie mag, der hilft Ihnen.

Erinnern Sie sich noch an die Definition von »Einstellung« aus Kapitel 1? Einstellung bedeutet schlicht, ob ich jemanden oder etwas mag oder nicht. Und aus dieser Ein-

stellung leitet sich mein Verhalten ab. Wir übernehmen
eher die Ansichten von Menschen, die wir mögen – und
sind eher bereit, für diese Menschen etwas zu tun.

Viele wollen das nicht wahrhaben. Jeder Lehrer würde
zum Beispiel weit von sich weisen, dass er bestimmte Schüler besser behandelt und bewertet, weil er sie lieber mag.
Jeder Chef würde sich mit Händen und Füßen gegen die
Aussage wehren, er behandle seine Mitarbeiter je nach
Sympathie unterschiedlich – und vielen Vorgesetzten ist
nicht minder unwohl bei dem Gedanken, sie selbst müssten
bei ihren Mitarbeitern erst beliebt sein, um Dinge durchsetzen zu können. Jede Mutter, jeder Vater würde sich
höchstens verschämt und mit Schuldgefühlen eingestehen,
dass es unter den eigenen Kindern einen bevorzugten Lieb-
ling gibt. Jede Richterin würde für sich in Anspruch nehmen, ausschließlich nach der Sach- und Rechtslage zu entscheiden, und jeder Politiker sowieso.

So gerne hängen wir dem Ideal einer Welt nach, in der es
um »die Sache« geht und nicht um persönliche Sympathien.

Doch die Welt ist nicht von Sachen bevölkert, sondern
von Lebewesen, von Menschen. Menschen funktionieren
menschlich, nicht sachlich. Sie haben Gefühle und Bedürfnisse. Wer das ignoriert, wird niemals ein Problem lösen
können und niemals einen Wunsch erfüllt bekommen.

> Am Ende zählt die einfache Regel:
> Wer Sie mag, der hilft Ihnen.

In der Fachsprache hat dieser Prozess sogar einen eigenen
Namen: »Ingratiation« nennt man ein Verhalten, das auf die

Sympathie einer Zielperson abzielt, bei der man etwas erreichen will.

Ob Sie jemand mag, hängt zum Glück nicht so sehr vom Glück ab, wie Sie nun denken mögen. Denn auch die persönliche Sympathie folgt recht genauen Regeln.

Wie bringen Sie also andere Menschen dazu, Sie zu mögen?

> Dafür gibt es eine ebenso einfache zweite Grundregel: Andere Menschen mögen Sie, wenn Sie ihnen ihre Bedürfnisse befriedigen.

Wenn unsere Bedürfnisse befriedigt werden, geht es uns gut. Wenn unsere Bedürfnisse unbefriedigt sind, geht es uns schlecht. Wenn Sie also jemandem helfen, seine Bedürfnisse zu befriedigen, dann verschaffen Sie ihm gute Gefühle. Und damit wirken Sie direkt auf die affektive Komponente der Einstellung ein. Ihre Zielperson wird Sie mögen – und Ihnen helfen.

Bei der kognitiven Komponente der Einstellung ging es darum herauszufinden, für welche Bedürfnisse Ihrer Zielperson *Ihr* eigenes Anliegen relevant ist – wie Sie also Ihr konkretes Anliegen daraufhin untersuchen, welchen Nutzen es für Ihre Zielperson haben könnte.

In diesem Kapitel gehen wir einen Schritt weiter: Wir lösen uns von Ihrem konkreten Anliegen. Auf der affektiven Ebene, auf der sich die Einstellungen über Emotionen bilden, können Sie Ihrer Zielperson *jedes* beliebige Bedürfnis befriedigen – völlig unabhängig von Ihrem Anliegen. Es wird sich am Ende trotzdem auf Ihr Anliegen auswirken.

Das sogenannte heuristisch-systematische Modell geht nämlich davon aus, dass Menschen über die affektive Komponente der Einstellung Informationen nicht systematisch verarbeiten, sondern heuristisch. Die Heuristik ist ein Verfahren, bei dem nicht genau gearbeitet wird, sondern überschlägig – also aus wenigen Informationen und mit wenig Aufwand (vermutete) Schlüsse gezogen werden. »Heuristik« ist ein etwas aufgeblasener Fachbegriff für das, was wir im Alltag als »Faustregeln« bezeichnen. Will ich zum Beispiel als ökonomischer Laie in Aktien investieren, dann kann ich mir entweder ein halbes Jahr Urlaub nehmen, mich zu Hause an den Schreibtisch setzen und verschiedene Unternehmen analysieren. Oder ich wende Faustregeln an und frage mich: Welche Unternehmen kenne ich? Welche finde ich gut? Wessen Produkte sind erfolgreich? Über welche Unternehmen habe ich in letzter Zeit etwas Positives gelesen? Wie hat sich der Kurs im letzten Jahr entwickelt? Dann kann ich in wenigen Minuten eine Entscheidung treffen. Unser faules Gehirn liebt heuristische Verfahren! Daher wendet es in ganz unterschiedlichen Situationen seine eigenen Faustregeln an, ohne dass uns das bewusst ist.

Hier macht es sich mit der sogenannten Affektheuristik einfach: Fragen wir uns, ob wir etwas für eine bestimmte Person tun sollen, dann »scannt« unser Gehirn in einem automatischen Prozess schnell unsere Gefühle gegenüber dieser Person. Es fragt sich einfach: Überwiegen gute Gefühle oder schlechte? Überwiegt das gute Gefühl, dann tun wir etwas für die andere Person.

Selbst wenn wir später versuchen, rational über die Frage nachzudenken, filtert unser Gehirn die Informationen und

Argumente so, dass sie unseren guten beziehungsweise schlechten Gefühlen entsprechen. Es macht die Informationen und Argumente – sofern es sie überhaupt prüft – »gefühlsecht«.

Es ist daher ganz egal, über welches erfüllte Bedürfnis Sie die positive Gefühlsbilanz bei Ihrer Zielperson hervorrufen: So habe ich im Einstiegsbeispiel mit meinen Zielpersonen nicht darüber geredet, welche Vorteile es für sie inhaltlich hätte, ein bestimmtes Thema oder eine bestimmte Position zu vertreten. Ich habe völlig losgelöst von meinen inhaltlichen Anliegen ihr Bedürfnis nach Anerkennung befriedigt, das zu diesem Zeitpunkt sehr vernachlässigt war. Allein dadurch, dass ich sie wahrgenommen und mich mit ihnen getroffen habe. Das wirkte sich später aus, als diese Menschen sich fragten, welche Anliegen sie als Politiker inhaltlich unterstützen sollten.

So nutzen Sie einen psychologischen Verstärker

Gewinnen Sie die Sympathie Ihrer Zielperson und tut die Zielperson daraufhin tatsächlich etwas für Sie, dann setzt das eine faszinierende Wechselwirkung verschiedener Effekte in Gang – welche die Sympathie Ihrer Zielperson für Sie am Ende noch weiter verstärkt.

Denn zum einen mögen wir nicht nur Menschen, die *uns* einen Gefallen getan haben, sondern wir mögen auch Menschen automatisch lieber, nachdem wir *ihnen* geholfen haben.

Klingt verrückt? Erinnern Sie sich an die verhaltensbasierte Komponente der Einstellung: Unser Gehirn will, dass eine schöne Harmonie zwischen unserem Verhalten und unseren Einstellungen herrscht. Deshalb schließt es aus unserem Verhalten auch auf unsere Einstellungen – denken Sie an die Frage nach Ihrer Sympathie für Briefträger aus Kapitel 1. Und für Leute, die man nicht mag, tut man nichts. Hat also eine Zielperson etwas für Sie getan, dann schließt das Gehirn dieser Zielperson daraus, wie sehr diese Zielperson Sie doch mögen muss. Die *Ursache* für den Gefallen (die Zielperson mochte Sie schon vorher) verstärkt sich also *durch* den Gefallen weiter.

Bekannt ist dieser Effekt auch als der »Benjamin-Franklin-Effekt«: Schon Benjamin Franklin beschrieb es als eine seiner Lebensstrategien, Menschen, deren Sympathie er erreichen wollte, ganz bewusst um einen kleinen Gefallen zu bitten. Seine Beobachtungen sind inzwischen wissenschaftlich bestätigt.

Zum anderen tut das Gegenseitigkeitsprinzip seine Wirkung. Das Gegenseitigkeitsprinzip ist ein fundamentales menschliches Prinzip: In allen menschlichen Beziehungen trachten wir immer danach, dass ein ausgeglichenes Geben und Nehmen besteht. In der Sozialpsychologie ist dieses Prinzip auch als sogenannte Equity-Theorie bekannt: Haben wir den Eindruck, dass Geben und Nehmen in einer menschlichen Beziehung nicht ausgewogen sind, dann fühlen wir uns schlecht – und zwar auf *beiden* Seiten. Selbst derjenige, der aus seiner Sicht zu viel bekommen hat – eine »Überbelohnung« –, freut sich darüber also nicht, sondern sucht nach einer Gelegenheit, einen Ausgleich herzustellen.

In einem klassischen Experiment lässt man zum Beispiel Probanden gemeinsam mit einem Lockvogel eine Aufgabe erledigen. Zwischendurch schenkt der Lockvogel manchen Probanden ein Getränk. Hinterher bittet der Lockvogel alle Probanden, ihm ein paar Lotterielose abzukaufen. Das Ergebnis: Diejenigen, die von ihm ein Getränk bekommen haben, kaufen ihm viel mehr Lose ab als die anderen. Und viel teurere.

Die affektive Komponente der Einstellung und das Gegenseitigkeitsprinzip wirken also raffiniert zusammen: Jemand tut etwas für Sie, weil er Sie mag – und indem er Ihnen hilft, steigert er seine positiven Gefühle noch weiter, denn er stellt das wohltuende Gleichgewicht wieder her.

Das Gegenseitigkeitsprinzip gilt in allen menschlichen Beziehungen, auch und besonders in Liebesbeziehungen: Hier wägen Partner zumindest *unbewusst* ständig die Kosten einer Beziehung (zum Beispiel abends nicht mehr so oft mit den Freunden ausgehen können) mit den Nutzen (zum Beispiel morgens nicht mehr alleine aufwachen müssen) ab und vergleichen es mit den verfügbaren Alternativen (wie viele potenzielle Partner ich gerade kenne, mit denen das Kosten-Nutzen-Verhältnis besser wäre).

Viele Menschen würden von sich weisen, dass sie so berechnend »denken« – und das tun sie auch nicht, jedenfalls nicht bewusst. Das Programm »Gegenseitigkeitsprinzip« läuft in unserem Gehirn ganz automatisch ab, und zwar bei *allen* Menschen in *allen* Beziehungen.

Das Gegenseitigkeitsprinzip hat keinen guten Ruf. Wir genieren uns oft, ausdrücklich über Gegenseitigkeit nachzudenken oder gar zu sprechen, selbst in Beziehungen, die

ausdrücklich auf Gegenseitigkeit angelegt sind: Nehmen
Sie zum Beispiel ein Arbeitsverhältnis – es ist ein klassischer Austausch von Zeit und Arbeit gegen Geld. Aber bei
einem Vorstellungsgespräch gilt es vielen als unanständig,
über diesen Austausch direkt zu sprechen. Da wird dann
zwar über das Gehalt gesprochen, also die Leistung, die der
Arbeitgeber erbringt. Aber viele empfinden es als ein Tabu,
ausdrücklich nach der Gegenleistung zu fragen: »Wie viel
soll ich denn dafür pro Tag genau arbeiten?« Sie lassen sich
dann davon überraschen, was im Vertrag steht. Das ist so
ähnlich, wie wenn Sie ein Auto kaufen, ohne über den Preis
zu sprechen.

Wenn wir das aber wissen, dann können wir das Prinzip
nutzen, *indem* wir bewusst daran denken.

Verabschieden Sie sich davon, dass »Berechnung« in
menschlichen Beziehungen ein soziales Tabu wäre – in
Wahrheit ist es der soziale Normalfall. Unter der Oberfläche
ist unser Gehirn viel berechnender, als wir es uns gegenseitig
vorheucheln. Gestehen wir uns das ein und suchen *bewusst*
nach dem Geben und Nehmen in den Beziehungen mit den
Menschen um uns herum, dann wird das Leben nicht nur
ehrlicher und direkter, es wird auch einfacher – und kontrol-
lierbarer.

Welche Bedürfnisse können Sie nun anderen erfüllen?

Zum einen können Sie jedem Menschen ganz individuelle Bedürfnisse erfüllen, die er ganz konkret mit seiner Per-
sönlichkeit und in seiner speziellen Situation gerade hat.
Dazu muss man sein Gegenüber etwas besser kennen und
dessen Charakter, Situation und die daraus folgenden Bedürfnisse ein wenig analysieren. Die wichtigsten speziellen

Bedürfnisse schauen wir uns in Kapitel 6 genauer an. Dort kommen wir auch noch einmal näher auf die Chancen und Fallen bezüglich des menschlichen Bedürfnisses nach Anerkennung zurück.

Aber nicht immer kennen wir unser Gegenüber so gut, dass wir genau wissen, was es gerade in diesem Moment braucht. Zum Glück gibt es ein Bedürfnis, das bei allen Menschen gleichermaßen ausgeprägt ist und das wir jedem erfüllen können, ohne ihn näher zu kennen. Das ist das Bedürfnis nach Vertrautheit. Ich nenne es ein »One-Size-fits-all-Bedürfnis«. Mit diesem kleinen Wundermittel beschäftigen wir uns im nächsten Kapitel.

Fakten und Effekte

Affektive Komponente der Einstellung

Breckler, S. J.; Wiggins, E. C. (1989): Affect Versus Evaluation in the Structure of Attitudes. *Journal of Experimental Social Psychology*, 25, 253–271
Granberg, D.; Brown, T. A. (1989): On Affect and Cognition in Politics. *Social Psychology Quarterly*, 52, 171–182

Ingratiation

Jones, E. E. (1964): *Ingratiation: A Social Psychological Analysis*. New York: Appleton-Century-Croft

Heuristisch-systematisches Modell

Slovic, P.; Finucane, M. L.; Peters, E.; Mac Gregor, D. G. (2002): The Affect Heuristic. In: Gilovich, T.; Griffin, D.; Kahneman, D. (Hg.): *Heuristics and Biases: The Psychology of Intuitive Judgment*, 397–420. New York: Cambridge University Press

Chaiken, S. (1980): Heuristic versus Systematic Information Processing and the Use of Source Versus Message Cues in Persuasion. *Journal of Personality & Social Psychology*, 39 (5), 752–766

»Benjamin-Franklin-Effekt«

Jecker, J.; Landy, D. (1969): Liking a Person as a Function of Doing Him a Favor. *Human Relations*, 22, 371–378

Gegenseitigkeitsprinzip

Regan, R. T. (1971): Effects of Favor and Liking on Compliance. *Journal of Experimental Social Psychology*, 7, 627–639

Equity-Theorie

Adams, J. S. (1965): Inequity in Social Exchange. In: Berkowitz, L. (Hg.), *Advances in Experimental Social Psychology*, Band 2, 267–299. New York: Academic Press.

Gill, D.; Stone, R. (2010): Fairness and Desert in Tournaments. *Games and Economic Behavior*, 69, 346–364

5. Das Gehirn ist faul, nutzen Sie das

 Seit Monaten hatten wir versucht, einen »belastbaren Kontakt« zur alternativen Partei aufzubauen.

»Kontakt« heißt: Man hatte bereits einmal miteinander zu tun und würde sich gegebenenfalls wiedererkennen.

»Belastbar« aber heißt: Der eine kann den anderen jederzeit anrufen, wenn er etwas braucht – Informationen, einen weiteren Kontakt oder sonstige Hilfe.

Das Erste – der Kontakt – ist nicht schwierig aufzubauen. Dafür genügt schon ein Telefonat oder ein E-Mail-Austausch. Entgegen verbreiteter Vorstellung lernt ein Lobbyist seine politischen Ansprechpartner nicht bei geheimen Zusammenkünften in düsteren Hinterzimmern kennen. Sie sind leicht zugänglich, ihre Kontaktdaten sind öffentlich. Jeder kann den Kontakt aufnehmen.

Wichtige Ansprechpartner für jeden Lobbyisten sind zum einen die Beamten in den Ministerien – Referenten, Referatsleiterinnen, Unterabteilungsleiter, Abteilungsleiterinnen. Darüber kommen noch Staatssekretäre – und dann die Minister. Vor allem die beiden Letztgenannten haben natürlich einen sehr vollen Terminkalender und treffen sich nicht jeden Tag mit jedem. Hier muss man um ein Treffen auf Augenhöhe anfragen, für eine Ministerin also ein Treffen mit dem Präsidenten eines Verbandes oder mit einem Mitglied der Unternehmensleitung.

Aber in den Ministerien ist es wie in jedem Unternehmen auch: Die eigentliche Arbeit – und die eigentliche Entscheidung – findet viel weiter unten statt, auf der Arbeitsebene.

Wenn wir über Gesetzesvorhaben in der Zeitung lesen, dann sind das die großen, wichtigen Ausnahmefälle, in denen ein Minister selbst ein paar Worte zu einem Thema sagt. Das macht dann immer den Eindruck, als würde der Minister jedes Verfahren sehr genau kennen und jedes Detail entscheiden.

Doch zum einen hat ein Minister für solche Fälle eine Presseabteilung, die ihm ein paar Formulierungen aufschreibt, ohne dass er sich selbst Gedanken dazu machen müsste. Zum anderen laufen im Hintergrund Hunderte Verfahren, die es nicht in die Medien schaffen, über die kein Minister redet, weil er davon selbst nicht viel mitbekommt, und die doch ihren Weg ins Bundesgesetzblatt finden. Ganz still und unspektakulär.

Treffen auf Spitzenebene mag daher niemand so richtig, denn sie machen allen viel Arbeit: Ist zum Beispiel ein »Austausch« zwischen einem Unternehmensvorstand und einem Minister angesetzt, so wollen beide Seiten in der Regel vorab ganz genau wissen, welche Themen besprochen werden sollen. Zu diesen Themen fordern sie dann in ihrem Haus ein Briefing an: zwei bis fünf Seiten, auf denen in wenigen Sätzen erklärt ist, worum es geht, wie der Verfahrensstand ist, was die Position des Gesprächspartners ist oder vermutlich sein wird – und wie die eigene Position lautet.

Ein solches Briefing muss so kurz und einfach sein, dass es der Minister oder Unternehmensvorstand im Aufzug überfliegen und danach darüber reden und entscheiden kann, selbst wenn er bis dahin noch nie von dem Thema gehört hat. Manche lesen das Briefing sogar erst im Termin selbst, während sie »zuhören« oder reden. Eine Ministerin, bei der wir ein und aus gingen, konnte das so perfekt, dass ich jedes Mal wieder beeindruckt von ihr war.

Je weiter Sie nach oben aufsteigen, desto mehr müssen Sie über Dinge reden und entscheiden können, von denen Sie keine Ahnung haben. Das kann man dem Spitzenpersonal noch nicht einmal vorwerfen – es ist schlicht eine Frage der Themenfülle und geht gar nicht anders.

Und dreimal dürfen Sie raten, woher nun diese Briefings kommen – aus der Arbeitsebene, vom Referenten. Er entscheidet, mit welchen Informationen eine Ministerin zu einem Thema versorgt wird, er schlägt ihm eine Position vor. Die wirklich wichtigen Ansprechpartner sind also die Referentinnen und Referatsleiter. Und deren Telefonnummern und E-Mail-Adressen stehen auf dem Organigramm, das praktisch jedes Ministerium im Internet veröffentlicht. Sie sind meist direkt erreichbar. Man ruft dort also einfach an und sagt: »Ich bin Soundso von der Organisation X oder vom Unternehmen Y. Ich beschäftige mich mit denselben Themen wie Sie, und da ist es doch sinnvoll, dass wir uns einmal kennenlernen.« Schon ist der Kontakt hergestellt.

Genauso funktioniert das auch mit den Ansprechpartnern aus den beiden anderen wichtigen Kontaktgruppen jedes Lobbyisten, den Abgeordneten und den Leuten aus der Partei. Sowohl in der Fraktion als auch in der Partei gibt es »Sprecher« zu bestimmten Themen. Auch ihre Namen und Kontaktdaten stehen im Internet – genauso wie die aller Mitglieder der jeweiligen Ausschüsse.

Das Schwierige ist, den Kontakt belastbar zu machen. Als ich anfing, erklärte mir das ein alter Lobbyistenhase bei einem Feierabendessen in einer Kneipe so:

»Weißt du, Volker, geschafft hast du es, wenn hier jetzt die Tür aufgeht, die Edelgard reinkommt und du einfach sagen kannst: ›Komm Edelgard, setz dich zu uns‹ – und sie kommt und setzt sich zu dir. Dann hast du es geschafft.« Mit »Edelgard« meinte er Edelgard Bulmahn, die damals gerade Ministerin war. Warum er ausgerechnet sie für das Beispiel auswählte, weiß ich nicht – aber ansonsten hat er es genau auf den Punkt gebracht.

Und wie kommt man nun dahin, dass »die Edelgard« sich einfach zu einem setzt? Sicherlich nicht dadurch, dass man einmal ein »Fachgespräch« mit ihr geführt hat. Auch hier gilt wieder die alte Regel: Wer Sie mag, der setzt sich zu Ihnen.

Belastbar ist ein Kontakt mit jemandem, der Sie mag. Nicht mehr und nicht weniger.

Und damit zurück zu unserem Problem, einen belastbaren Kontakt zur alternativen Partei aufzubauen: Wir hatten gute Kontakte zu den konservativen Parteien, denn die identifizieren sich grundsätzlich mit den Anliegen der Wirtschaftsunternehmen. Die alternative Partei aber sieht Unternehmen und deren Aktivitäten eher kritisch. Doch auch die alternative Partei hat ihre Ansprechpartner zu den unterschiedlichen Themen. Eine Kollegin hatte Kontakt aufgenommen und sich mit Vertretern der alternativen Partei getroffen. Die Kollegin repräsentierte ganz die Welt der feinen Wirtschaft: Sie trug ausgewählte Mode von Gucci und eine Tasche von Prada. Sie wollte sich nicht lumpen lassen und hatte die Leute von der Partei in ein gutes Restaurant zum Mittagessen eingeladen. Die Parteivertreter erschienen in Jeans und Pullover. Am Ende hatte man entscheidende Themen besprochen, der Kontakt war hergestellt.

Aber belastbar war er nicht.

Ich versuchte daher einen anderen Weg. Ich verabredete mich ebenfalls mit einem Vertreter der alternativen Partei. Ich ließ meinen Anzug zu Hause und wählte ein Selbstbedienungsrestaurant.

Am Anfang war die Atmosphäre trotzdem ziemlich angespannt. Doch ich sprach keine politischen Themen an, sondern blieb persönlich. Wir tauschten uns darüber aus, woher wir kamen, wo wir studiert und welche Hobbys wir hatten.

Ich verfolgte ein ganz bestimmtes Ziel, das nichts mit politischen Themen zu tun hatte. Ich stocherte und stocherte – und plötzlich: Bingo! Als wir über Fernsehsendungen sprachen, kam es heraus: Wir teilten die Liebe für dieselbe Fernsehserie.

Wir redeten fast eine Dreiviertelstunde über unsere Lieblingsfiguren, über die Ereignisse der letzten Jahre in der Serie und wie es wohl weitergehen würde. Am Ende stießen wir aufs »Du« an und gingen auseinander wie alte Freunde. Wir versicherten uns gegenseitig, dass wir uns jederzeit anrufen könnten, wenn wir etwas voneinander bräuchten.

Über politische Themen hatten wir an diesem Nachmittag kein Wort verloren. Aber ich hatte einen Kontakt hergestellt, der belastbar war.

Der erste Anruf kam schon zwei Tage später. *Er* rief an – mit einer Frage zu einem wichtigen Thema. Ich konnte ihm helfen. Und gleichzeitig ein eigenes Anliegen äußern. Diesmal eines, das gar nichts mit Fernsehserien zu tun hatte. Sondern mit Politik.

▶▶◀◀

Wie wir inzwischen wissen, ist das menschliche Gehirn atemberaubend faul. Und in seiner Faulheit sehr konsequent. Ständig sucht es nach Gründen und Gelegenheiten, nicht denken zu müssen. Zwischen zwei Möglichkeiten mag es immer die lieber, bei der es nicht denken muss.

Unser Gehirn liebt daher alles, was es kennt – und verabscheut alles Unbekannte, denn das bedeutet Stress und Arbeit: wahrnehmen, einordnen, abschätzen, sich gar eine neue Meinung dazu bilden.

Vertrautes hingegen erhöht die »Verarbeitungsflüssigkeit«, wie man das in der Psychologie nennt. Eine höhere Verarbeitungsflüssigkeit macht uns glücklich: In einem Experiment legt man Probanden Zeichnungen verschiedener Alltagsgegenstände vor. Die Zeichnungen sind allerdings etwas verfremdet, also nicht auf den ersten Blick zu erkennen. Vor manchen Zeichnungen wird ganz kurz ein gut erkennbares Bild des darauffolgenden Objekts eingeblendet – vor anderen Zeichnungen ein Bild, das gar nichts mit dem folgenden Objekt zu tun hat. Während die Probanden die Bilder betrachten, misst ein sogenannter Elektromyograf die Bewegung der Gesichtsmuskeln. Das Ergebnis: Erkennen die Probanden ein Objekt wieder, das vorher schon einmal kurz gezeigt wurde, dann sind die Lachmuskeln aktiv. So groß ist die Freude über alles, was wir kennen, dass es uns buchstäblich ein Lächeln ins Gesicht zaubert! In einem anderen Experiment fanden Probanden Bilder »schöner«, wenn man ihnen kurz vorher ein ähnliches Bild gezeigt hatte.

So nutzen Sie die Selbstliebe Ihres Gegenübers

Und wen oder was kennen wir nun am besten? Genau: Jeder sich selbst. Mit uns selbst sind wir rund um die Uhr zusammen – also größtmöglich vertraut. Und weil unser Gehirn Vertrautes liebt, mag es auch alles, was so ähnlich ist wie wir selber. In der Psychologie ist das als das »Ähnlichkeitsprinzip« bekannt und mehrfach experimentell bewiesen.

Wenn der Volksmund auch behauptet: »Gegensätze ziehen sich an«, so gibt es kaum eine Aussage, die wissenschaftlich eindeutiger widerlegt ist. Teilt man in einem Experiment zum Beispiel Studenten in zufällige Wohngemeinschaften auf, so kann man anhand der persönlichen Merkmale eine Hypothese darüber aufstellen, wer sich miteinander anfreunden wird und wer nicht. Tatsächlich kommt es genau so, wie es das Ähnlichkeitsprinzip vorhersagt: Die Probanden mit den größten Ähnlichkeiten freunden sich an – je größer die Unterschiede, desto weniger können sie sogar mit ihren eigenen Mitbewohnern anfangen.

Eine ganz einfache Erfolgsregel lautet also: Finden Sie möglichst viele Gemeinsamkeiten mit Ihrer Zielperson. Und stellen Sie diese Gemeinsamkeiten ganz deutlich heraus. Das Ähnlichkeitsprinzip gilt für alle denkbaren Eigenschaften: Herkunft, Alter, Ausbildung, Beruf, Hobbys, politische Ansichten, Charakter, Kommunikationsstil.

Sogar für das Aussehen: In einer interessanten Studie legte man Testpersonen Fotos verschiedener Gesichter vor und fragte sie, welche der abgebildeten Personen sie sympathisch fänden. Dabei stellte sich heraus: Die Testpersonen mochten regelmäßig die Menschen am liebsten, die ähnliche Gesichtszüge hatten wie sie selbst! Das gilt übrigens nicht nur für Menschen desselben Geschlechts, auch Gesichter von Männern und Frauen können ähnliche Gesichtszüge haben – sie lassen sich jeweils mit dem Computer ins andere Geschlecht »umrechnen«.

Weil wir unser eigenes Gesicht jeden Tag im Spiegel sehen, weil es in jedem Kaufhaus neben der Rolltreppe im Spiegel neben uns hochfährt – deshalb ist unser Gehirn so an unser eigenes Gesicht gewöhnt, dass es solche Menschen bevorzugt, die uns ähnlich sehen!

Bei Liebespaaren hat man ja manchmal genau diesen Eindruck – das Ähnlichkeitsprinzip liefert die wissenschaftliche Erklärung dafür. Und ebenso dafür, dass viele Chefs scheinbar am liebsten ihren eigenen Klon zum Nachfolger machen.

Obwohl uns Ähnlichkeiten also so sehr helfen können, vernachlässigen wir im Alltag sträflich, nach ihnen zu suchen.

Das liegt daran, dass wir uns heute geradezu zwanghaft von anderen abgrenzen wollen. Das Bedürfnis nach Abgrenzung ist zwar ebenfalls im Katalog der menschlichen Bedürfnisse enthalten, denn wir brauchen eine gewisse Abgrenzung, um uns gut zu fühlen. Aber inzwischen herrscht ein regelrechter gesellschaftlicher Individualitätszwang: Wir wollen alle möglichst individuell sein, finden es schlimm, so zu sein wie andere. Wir suchen ständig nach Dingen, die uns vermeintlich einzigartig machen – statt nach Eigenschaften, die uns mit den Menschen um uns herum verbinden.

Das gilt besonders für die Menschen, mit denen wir so unsere Probleme haben – deshalb *haben* wir ja diese Probleme mit ihnen. Nehmen wir zum Beispiel die Chefin, mit der Sie nicht gut zurechtkommen und die Sie schon seit so langer Zeit mit der Beförderung hinhält. Oder Ihren Nachbarn, mit dem Sie sich immer wieder streiten, und keine Lösung scheint in Sicht. Welche Ähnlichkeiten mit diesen Menschen können Sie spontan aufzählen? Meist nicht viele, eher entfährt es uns erstaunt: »Ähnlichkeiten mit *dieser* Person? Natürlich nicht, das wäre ja noch schlimmer!« Gerade von den Leuten, mit denen wir nicht zurechtkommen, wollen wir uns ganz besonders abgrenzen. Und das ist der große Fehler.

Dabei ist es wirklich leicht, mit *jedem* Menschen eine Reihe von Ähnlichkeiten zu finden. So individuell wir auch immer sein wollen – mit den meisten Menschen haben wir in Wirklichkeit viel mehr Gemeinsamkeiten als Unterschiede. Damit jemand Sie mag, kann es schon reichen, dass Sie beide Brillenträger sind, aus demselben Bundesland kommen oder ähnliche Hobbys haben. Vielleicht haben Sie beide Kinder – oder Eltern – im selben Alter. Vielleicht fahren Sie das gleiche Auto – oder kommen lieber mit dem Fahrrad zur Arbeit.

Wichtig ist, dass Sie das ganz bewusst zum Thema machen und damit arbeiten. Solche Gemeinsamkeiten lassen sich kultivieren, indem man sie regelmäßig anspricht. Man kann damit »Insider« schaffen, die das Bedürfnis nach Vertrautheit befriedigen. Kommen Sie zum Beispiel beide aus derselben Gegend, dann wechseln Sie ab und zu einmal ein paar Worte im heimischen Dialekt miteinander. Stehen Sie beide ungern früh auf, teilen Sie Ihre Klage darüber, dass Sie heute wieder so früh im Büro sein mussten. Das klingt harmlos, wirkt aber Wunder.

Ich besichtigte einmal eine Wohnung mit über 70 anderen Bewerbern. Die Vermieterin war selbst vor Ort. Ich kam mit ihr ins Gespräch und wir entdeckten einige Gemeinsamkeiten: Ich war damals Jurastudent – ihr Sohn auch. Ich frühstücke gern Bananen – sie zog eine als Mittagsimbiss aus der Tasche. Wir fachsimpelten allein mehrere Minuten über die tollen Ernährungseigenschaften der Banane. Beide hatten wir keine guten Erfahrungen mit Wohnungsmaklern gemacht – das war sogar Gesprächsstoff für fast eine halbe Stunde. Ich war als Student sicherlich nicht gerade der langfristige, besonders solvente Mieter, von dem Vermieter träumen. Doch nach unserem Gespräch sagte die Vermieterin zu mir: »Ich gebe Ihnen die Wohnung.« Ohne auch nur einen Blick in die Bewerbungsbögen der anderen zu werfen.

So einfach werden die Dinge, wenn man sich auf die Gemeinsamkeiten konzentriert statt auf die Unterschiede.

Eine winzige Ähnlichkeit kann, wenn man sie richtig kultiviert, sogar die größten Streithähne plötzlich miteinander versöhnen und zu Freunden werden lassen. Würden wir darauf mehr achten, bekämen wir nicht nur viel öfter, was wir wollen – wir lebten auch in einer friedlicheren Welt.

Haben Sie die Wahl unter mehreren Ansprechpartnern, dann können und sollten Sie gleich von vornherein jemanden aussuchen, mit dem Sie möglichst viele Gemeinsamkeiten haben. Bewerben Sie sich zum Beispiel um einen Job, versuchen Sie, einen Vorstellungstermin bei jemandem zu bekommen, der Ihnen so ähnlich wie möglich ist: nach Alter, Herkunft, Ausbildung, Familienstand, Hobbys. Recherchieren Sie vorab so viele Eigenschaften Ihres Gesprächspartners wie möglich – und stellen Sie im Gespräch alle Ähnlichkeiten heraus: »Wir haben ja beide früher Tennis gespielt, wenn ich recht informiert bin. Und ebenso wie Sie bin ich ein großer Schweden-Fan ...«

Vergessen Sie dabei das Aussehen nicht – denken Sie an das Experiment mit den Fotos: Auch ein Ansprechpartner, der Ihnen in irgendeiner Weise ähnlich sieht, wird Ihnen helfen. Dabei geht es nicht nur um die Ähnlichkeiten, die sofort auffallen. Unser Gehirn erkennt auch ähnliche Gesichtszüge, die uns gar nicht bewusst sind. Sie fallen erst auf, wenn man sich zum Beispiel die Haare wegdenkt. Eine solche Fotomontage kann heute jeder am Computer in ein paar Sekunden selbst machen. Kopieren Sie nur einmal das Gesicht verschiedener möglicher Zielpersonen – männlich wie weiblich – und legen Sie es mit einem einfachen Fotoprogramm (zum Beispiel »Paint«) über Ihr eigenes Gesicht. Lassen Sie die Haare so, wie sie sind. Bei manchen Kandi-

daten werden Sie erstaunt sein, wie sehr sich Ihre Gesichtszüge gleichen! Diese Menschen sind Ihre dankbarsten
Zielpersonen.

So wickeln Sie selbst Unbekannte um den Finger

Es gibt noch weitere, andere Möglichkeiten, sich fremden
Menschen vertraut zu machen und so die Faulheit des Gehirns zu nutzen:

> Es waren noch zehn Tage bis zu einer wichtigen An-
> hörung im Bundestag. Es ging um ein großes, grund-
> legendes Gesetz für unsere Branche und es war klar,
> dass wir als der Branchenverband zu dieser Anhö-
> rung eingeladen sein würden. Die große Partei hatte uns
> auch zugesagt, uns auf »ihr« Ticket zu nehmen.
> Doch es kam anders. Plötzlich erfuhr ich, dass man uns
> verschaukelt hatte. Die Partei benannte für die Anhörung
> einen anderen Sachverständigen.
> Nun war die Not groß. Unseren Mitgliedsunternehmen
> hätte ich nicht erklären können, dass wir, als der große
> Branchenverband, bei dieser wichtigen Anhörung nicht da-
> bei sein sollten. Wahrscheinlich hätte mich das meinen Job
> gekostet, und zwar zu Recht.
> Also hängte ich mich ans Telefon. Ich erfuhr, dass es noch
> eine einzige Partei gab, die noch niemanden für die Anhö-
> rung benannt hatte. Es war eine kleinere Partei aus der Op-
> position.

Ich kannte den zuständigen Fraktionsreferenten, hatte ihn ein- oder zweimal getroffen. Es schien mir völlig klar, dass die noch ausstehende Einladung nur an uns, den großen Branchenverband, gehen konnte. Rein sachlich betrachtet kam gar keine andere Lösung infrage.

Doch ich sollte ein weiteres Mal darüber belehrt werden, dass es nicht um die Sache ging.

Er reagierte kühl: »Plötzlich kennen Sie unsere Nummer«, sagte er. »Jetzt, wo Sie so dringend etwas brauchen. Sonst höre ich eher weniger von Ihnen. Aber wir sind ja auch nur in der Opposition ...«

Das saß. Und er hatte natürlich recht! Die Opposition ist weitaus weniger interessant für Lobbyarbeit. Ihre Anträge kommen nie durch. Auch Lobbyisten müssen mit ihrer Zeit haushalten, und ich hatte es bis dahin als sinnvoller empfunden, nur Leute zu treffen, mit denen es gerade ganz konkret etwas zu besprechen gab.

Man habe einen anderen, viel kleineren Verband im Blick für die Anhörung. Die Entscheidung darüber solle am Freitag fallen.

Ich schaute auf den Kalender. Heute war Montag.

Noch für den Nachmittag verabredete ich ein persönliches Treffen mit dem Referenten. Für Dienstag, Mittwoch und Donnerstag vereinbarte ich jeweils zwei Termine mit Vertretern der Fraktion – einmal trafen wir uns am Morgen zum Frühstück im Café Einstein Unter den Linden, einmal zum Mittagessen im Borchardt am Gendarmenmarkt. An einem Abend ging ich zu einer Diskussionsveranstaltung der Fraktion und sprach noch einmal mit jedem. Niemals sprachen wir über »die Sache«, es war eher persönlicher Small Talk.

Am Freitag kam der erlösende Anruf: »Wir haben uns für Sie entschieden. Sie müssen bei dieser Anhörung unbedingt dabei sein.«

Was ich für drei Tage als Notprogramm gefahren hatte, machte ich nach dieser Erfahrung zur Regel: Ich vereinbarte jede Woche mindestens drei Treffen mit unterschiedlichen Ansprechpartnern – ohne Anlass, ohne Thema. Einfach nur, um sich zu sehen. Meist blieben die Gespräche persönlich, selten wurden sie sachlich: »Geht es Ihrem kleinen Sohn wieder besser, er hatte ja kürzlich so starke Grippe?«, fragte ich zum Beispiel die Mitarbeiterin einer wichtigen Abgeordneten. Oder ich plauderte mit einem Referenten aus dem Bundesministerium über Urlaubspläne, Berliner Wohngegenden oder einen aktuellen Roman, den er gerade las.

Früher hätte ich solche Treffen als unglaubliche Zeitverschwendung abgetan. Aber je öfter ich die Menschen sah, ohne über ein politisches Thema zu reden, desto aufgeschlossener waren sie, wenn es dann doch einmal etwas Dienstliches zu besprechen gab.

▶▶◀◀

Weil unser Gehirn alles mag, was ihm vertraut ist, gibt es eine erstaunlich einfache weitere Möglichkeit, die Sympathie anderer Menschen zu gewinnen: Treten Sie diesen Menschen einfach so oft wie möglich unter die Augen.

Denn je öfter jemand Sie nur sieht, desto sympathischer findet er Sie. Ganz automatisch!

In der Psychologie nennen wir das den »Effekt der bloßen Darstellung«. Einzige Voraussetzung, damit er funktioniert:

Die Zielperson findet nicht gleich schon die erste Begegnung negativ – in diesem Fall wird das Gegenüber mit jedem weiteren Mal nur noch unsympathischer. War die erste Begegnung aber mindestens neutral, dann steigert jede weitere konsequent die Sympathie.

Bewiesen ist dieser nützliche Effekt zum Beispiel durch das Seminarraum-Experiment: An einer Vorlesung nehmen verschiedene Lockvögel teil, und zwar unterschiedlich oft – einer kommt nur einmal, ein anderer achtmal, wieder ein anderer fünfzehnmal. Die Lockvögel setzen sich einfach zwischen die Studierenden, sie reden mit niemandem und stellen im Unterricht keine Fragen.

Hinterher zeigt man den Studierenden Fotos der Lockvögel und fragt sie, wen sie am sympathischsten finden. Das Ergebnis: Je öfter ein Lockvogel einfach nur anwesend war, desto sympathischer und attraktiver erscheint er den anderen. Obwohl keiner der Studierenden jemals persönlichen Kontakt zu einem der Lockvögel hatte!

Gerade das Berufsleben ist voll von Sitzungen und Treffen, die wir als überflüssig empfinden. Und rein inhaltlich gesehen sind sie es auch! Jeder will sich reden hören, hinterher ist meist auch niemand schlauer als vorher – und alle gehen auseinander und sagen sich: Was für eine Zeitverschwendung!

Wer allerdings den Effekt der bloßen Darstellung kennt, der weiß, dass *jedes* Treffen nützlich ist, wenn auch nicht unbedingt inhaltlich. Es führt zu größerer Vertrautheit, und im entscheidenden Moment, wenn Sie wirklich einmal etwas von der Person brauchen, dann zahlen sich all die Stunden aus, die Sie mit inhaltlich überflüssigen Treffen verbracht haben.

Gerade mit Menschen, die etwas für Sie tun können, sollten Sie also jede Gelegenheit zu einem persönlichen Treffen nutzen. Fragt Ihr Chef zum Beispiel, wer mit zum Essen in die Kantine kommt, dann verkriechen Sie sich nicht hinter Ihrem Bildschirm und murmeln etwas von: »Muss in der Mittagspause was in der Stadt erledigen ...«. Stecken Sie regelmäßig den Kopf ins Büro Ihres Chefs und sagen Sie »Hallo«, statt ihm aus dem Weg zu gehen.

Sagen Sie scheinbar überflüssige Sitzungen freudig zu, statt sich davor zu drücken.

Treffen Sie sich mit dem Geschäftspartner auch für ein kurzes Gespräch persönlich, statt nur zu telefonieren – selbst wenn dafür mit Anreise ein ganzer Tag draufgeht und ein Telefonat nur fünf Minuten gedauert hätte.

Seien Sie einfach in der Nähe der Personen, die für Sie wichtig sind oder wichtig werden könnten. Denn für den Effekt der bloßen Darstellung ist es völlig egal, ob Sie dem anderen geplant oder zufällig begegnen. Hauptsache, Sie stellen sich dar.

Der eigentlich Clou dabei: Ihre Zielperson braucht Sie noch nicht einmal zu kennen! Sie braucht auch gar nicht bewusst zu merken, dass Sie sich ihr gerade darstellen. Das belegt ja das Seminarraum-Experiment sehr deutlich. Sie können also schon die Sympathie von Menschen gewinnen, bevor Sie sie überhaupt kennengelernt haben. Die Chefin Ihres Chefs zum Beispiel wird bestimmt einmal ein Wörtchen mitreden, wenn es um Ihre Beförderung geht. Auch bei ihr können Sie jetzt schon Sympathiepunkte sammeln, indem Sie ihr einfach oft begegnen, zum Beispiel morgens zufällig im Aufzug oder nach Feierabend auf dem Flur. Sie wird bereits eine Sympathie für Sie aufbauen, bevor Sie sich überhaupt offiziell kennenlernen.

So nutzen Sie ein Facebook-Prinzip

Wenn Sie so viel Zeit nicht haben, gibt es noch eine dritte Möglichkeit, mit der Sie sich wesentlich schneller in fremde Herzen katapultieren können:

Ich machte »die Queen«. Ich war relativ neu im politischen Berlin und kannte noch nicht so viele Leute. Von einem erfahrenen Kollegen hatte ich die »Queen-Methode« gelernt, um trotzdem elegant auf einem Empfang zu erscheinen: Man kommt durch die Tür und sucht sich am anderen Ende des Raumes schnell eine Person, auf die man selbstbewusst zusteuert wie auf einen alten Bekannten – selbst wenn man diese Person gar nicht kennt. Auf dem Weg dorthin winkt man wie die Queen nach links und rechts allen möglichen Leuten kurz zu und sagt »Hallo« und »Schön, Sie zu sehen.«. Jeder grüßt zurück, während er noch darüber nachgrübelt, woher man sich eigentlich kennt. Bis man am anderen Ende des Raumes angelangt ist, hat man meist jemanden gefunden, den man tatsächlich kennt und bei dem man dann stehen bleibt. Oder jemand kommt auf einen zu und stellt sich selbst vor – denn natürlich will jeder jemanden kennenlernen, der offenbar schon so viele andere Leute im Raum kennt. Auf jeden Fall steht man damit auch als Neuling nicht mit unsicher suchendem Blick an der Eingangstür herum.

Auf halbem Weg traf ich einen Kollegen, mit dem ich ins Gespräch kam. Nicht weit von uns sah ich einen weiteren Bekannten: Schon in meinen ersten Tagen als Lobbyist hatte ich ihn kennengelernt, einen der wichtigsten Ministerialbeamten für unsere Branche. Es war ein älterer, knurriger Herr, der die Aura der Macht ausstrahlte. Und mit ihr eine gewisse Aura der Arroganz.

Besonders andere Männer fühlten sich dadurch im Zentrum des männlichen Konkurrenzdenkens angesprochen und angegriffen – und mochten ihn nicht sonderlich. Mir aber gefielen sein trockener Humor und seine pragmatische Abgeklärtheit, ich fand ihn eigentlich ganz sympathisch.

Er ging durch die Menge, und jeder wartete darauf, mit ihm ins Gespräch zu kommen.

»Schau dir an, wie wichtig er sich wieder vorkommt«, raunte mir mein Kollege zu, der schon lange im Geschäft war. »Mit dem reden wir doch nur, weil wir müssen. Mit so jemandem willst du echt nicht befreundet sein ...«

Und dann geschah das Erstaunliche: Der wichtige Herr kam ausgerechnet zu mir, dem Jungspund, gab mir die Hand und unterhielt sich eine ganze Weile mit mir.

Aus den Augenwinkeln beobachtete ich, wie mein Kollege sich fast verschluckte.

»Wie hast du denn das angestellt?«, fragte er, als ich wieder zu ihm kam. »Bei mir hat es vier Jahre gedauert, bis er mich überhaupt einmal gegrüßt hat!«

»Ganz einfach«, sagte ich, »ich mag ihn. Und das hat er gemerkt.«

▶▶◀◀

Vielleicht haben Sie ein Facebook-Profil, dann haben Sie bestimmt auch schon einmal die folgende interessante Beobachtung gemacht: Je öfter Sie bei anderen den »Gefällt mir«-Button drücken, desto mehr »Gefällt mir«-Klicks bekommen Sie selbst. Je öfter Sie bei anderen einen netten Kommentar unter etwas schreiben, desto mehr nette Kommentare kommen zu Ihnen zurück.

In der Psychologie ist das bekannt als das »Gesetz der reziproken Zuneigung«. Das klingt sehr kompliziert, bedeutet aber einfach nur: Wir alle dürsten nach Liebe und Anerkennung. Hören wir, dass uns jemand mag, dann freuen wir uns so sehr, dass wir ihn umgehend mit Gegenliebe belohnen! Wir mögen also jeden, der uns auch mag. Oder von dem wir zumindest annehmen, dass er uns mag.

In einem bekannten Versuch lässt man zwei Probanden zu einem Gespräch aufeinandertreffen. Einem davon sagt man vorher etwas über die Person, die er treffen wird, und zwar entweder »Die Person, die du jetzt triffst, mag dich gern« oder »Die Person, die du jetzt triffst, mag dich nicht«.

Wem gesagt wurde, dass sein Gegenüber ihn mag, der verhält sich bei dem Treffen freundlich und offen. Wer hingegen davon ausgeht, sein Gegenüber möge ihn nicht, gibt sich kühl und abweisend.

Dem Gegenüber sagt man vorher gar nichts. Es schließt aus dem Verhalten der gebrieften Person, wie sehr es selbst gemocht wird – und erwidert diese Zuneigung oder eben nicht. Und so nimmt die Spirale der reziproken Zuneigung ihren Lauf. Selbstverständlich sind beide in dem Gespräch zu größeren Zugeständnissen bereit, wenn sie davon ausgehen, dass der jeweils andere sie mag.

Die Spirale der reziproken Zuneigung dreht sich Tag und Nacht, und wir drehen eifrig daran mit.

Manchmal bilden wir uns nur ein, dass uns jemand nicht mag – weil wir ein Gerücht gehört haben oder weil wir eine Situation falsch deuten. Ein Klassiker ist der vergessene Gruß: Sie begegnen einem Bekannten auf der Straße und er grüßt nicht sofort. »Aha«, denken Sie, »der mag mich nicht. Dann mag ich den auch nicht.« Und schauen schnell wieder weg. Dabei hat Sie der andere womöglich nur nicht schnell genug gesehen oder erkannt. Jetzt will er den Gruß nachholen, aber es geht nicht mehr, weil Sie ja schon Ihren Blick abgewandt haben. »Aha«, denkt der andere nun seinerseits, »der mag mich nicht. Dann mag ich ihn auch nicht.« Und wenn Sie sich am nächsten Tag wiederbegegnen, schauen Sie beide schnell grußlos woanders hin. Es gibt Menschen, die sich wegen solcher Ereignisse für den Rest Ihres Lebens grollend aus dem Weg gehen.

Viele Menschen mögen wir aber tatsächlich nicht, und oft sind es dummerweise gerade diejenigen, deren Hilfe wir brauchen oder von denen wir sogar abhängig sind. Wir lieben unsere Freiheit und hassen Abhängigkeiten. Deshalb mögen wir gerade die Menschen oft am wenigsten, von deren Wohlwollen wir abhängig *sind*.

Und das ist fatal.

In den meisten Unternehmen gehört es zum Beispiel regelrecht zum guten Ton, den Chef *nicht* zu mögen. Wer in der Kantine *nicht* über ihn mitlästert, seine Ideen *nicht* schlecht findet, seinen Führungsstil *nicht* miserabel, ihn gar verteidigt, macht sich bei den Kollegen gleich verdächtig. Dieselben Menschen wundern sich dann, dass sie immer noch vergeblich auf ihre Gehaltserhöhung warten. Aber wie kann ich ernsthaft glauben, dass jemand mich mag und fördert, an dem ich selbst kein gutes Haar lasse, den ich aus vollem Herzen verabscheue?

Oder denken Sie an die Kunden, über die man hinter ihrem Rücken nur lacht. Bei denen man die Augen verdreht, wenn sie nur anrufen. Das Gesetz der reziproken Zuneigung sagt exakt voraus, wie wahrscheinlich es ist, dass wir von diesen Kunden den großen Auftrag bekommen.

Müssen wir uns also alle lieb haben? Nein. Aber es macht das Leben leichter. Und es ist gar nicht so schwer, andere Menschen zu mögen, selbst diejenigen, die Sie momentan noch verabscheuen. An *jedem* Menschen, auch an Ihrem vermeintlich größten Feind, findet sich etwas, das bewundernswert ist, das Sie respektieren und mögen können. Geben Sie sich einen Ruck, springen Sie über Ihren Schatten und suchen Sie dieses Etwas. Sie schonen damit nicht nur Ihre Nerven, sondern kommen auch der Erfüllung Ihrer Wünsche näher.

Die Menschen sind bereit, erstaunlich viel für Sie zu tun, wenn sie sich von Ihnen gemocht fühlen. Selbst sehr verhärtete Fronten werden plötzlich ganz weich, wenn Sie einfach nur jemandem signalisieren: Ich mag dich.

Das geht mit ganz kleinen Signalen, sogenannten Zuneigungszeichen: Lächeln, Augenkontakt mit weit geöffneten Augen. Den Oberkörper nach vorne beugen, wenn Sie mit jemandem reden. Persönliches Interesse zeigen: »Wie war denn dein Ausflug in die Berge am Wochenende?« Dem anderen zuhören. Dezente Berührungen. Auch die Körperhaltung des andern zu spiegeln, signalisiert Zuneigung.

Oder Sie nutzen die Buschtrommel: Erwähnen Sie einfach gegenüber einem gemeinsamen Bekannten: »Die Soundso mag ich.«

Sogar andere Menschen können Sie auf diese Weise miteinander versöhnen. Kommen etwa zwei Freundinnen von Ihnen partout nicht miteinander aus, dann erzählen Sie einfach beiden unabhängig voneinander: »Die Soundso mag *dich* eigentlich ganz gern, hat sie mir mal anvertraut ...« Seien Sie gespannt darauf, was passiert!

Das Gesetz der reziproken Zuneigung gilt sogar unter Menschen, die sich nicht ähnlich sind, sich also normalerweise stark ablehnen würden. Die reziproke Zuneigung sticht das Ähnlichkeitsprinzip aus. So machtvoll ist unser Bedürfnis, geliebt zu werden, dass wir alle anderen Prinzipien über den Haufen werfen, wenn wir erfahren, dass ein Mensch uns mag.

Zum Prinzip der reziproken Zuneigung sollten Sie allerdings eine wichtige Ausnahme kennen: Es geht nach hinten los bei Zielpersonen, die ein schwaches Selbstwertgefühl haben. Solche Menschen haben ein negatives Selbstbild und mögen andere gern, die ihnen ihr Selbstbild bestätigen: die sie eher kritisieren als loben und mögen. Wenn Sie also bereits wissen, dass Ihre Zielperson eher wenig selbstbewusst ist, sollten Sie Ihre Strategie ändern.

Fakten und Effekte

Verarbeitungsflüssigkeit

Winkielman, P.; Cacioppo, J. T. (2001): Mind at Ease Puts a Smile on the Face: Psychophysiological Evidence that Processing Facilitation Increases Positive Affect. *Journal of Personality and Social Psychology*, 81, 989–1000
Reber, R.; Winkielman, P.; Schwarz, N. (1998): Effects of Perceptual Fluency on Affective Judgments. *Psychological Science*, 9, 45–48

Ähnlichkeitsprinzip

Amodio, D. M.; Showers, C. J. (2005): Similarity Breeds Liking. Revisited: The Moderating Role of Commitment. *Journal of Social and Personal Relationships*, 22, 817–836
Hinsz, V. B. (1989): Facial Resemblance in Engaged and Married Couples. *Journal of Social and Personal Relationships*, 6, 223–229
McPherson, M.; Smith-Lovin, J.; Cook, J. M. (2001): Birds of a Feather: Homophily in Social Networks. *Annual Review of Sociology*, 27, 415–444

Effekt der bloßen Darstellung

Moreland, R. L.; Zajonc, R. B. (1982): Exposure Effects in Person Perception: Familiarity, Similarity, and Attraction. *Journal of Experimental Social Psychology*, 18, 395–415

Moreland, R. L.; Beach, S. R. (1992): Exposure Effects in the Classroom: The Development of Affinity Among Students. *Journal of Experimental Social Psychology*, 28, 255–276

Serenko, A.; Bontis, N. (2011): What's Familiar is Excellent: The Impact of Exposure Effect on Perceived Journal Quality. *Journal of Informetrics*, 5, 219–223

Topolinski, S.; Strack, F. (2009): Motormouth: Mere Exposure Depends on Stimulus-Specific Motor Simulations. *Journal of Experimental Psychology: Learning, Memory, and Cognition*, 35 (2), 423–433

Reziproke Zuneigung

Curtis, R. C.; Miller, K. (1986): Believing Another Likes or Dislikes You: Behaviors Making the Beliefs Come True. *Journal of Personality and Social Psychology*, 51, 284–290

Gold, J. A.; Ryckman, R. M.; Mosley, N. R. (1984): Romantic Mood Induction and Attraction to a Dissimilar Other: Is Love Blind? *Personality and Social Psychology*, 10, 358–368

Swann, W. B.; Stein-Seroussi, A.; McNulty, S. E. (1992): Outcasts in a White-Lie Society: The Enigmatic Worlds of People With Negative Self-Conceptions. *Journal of Personality and Social Psychology*, 62, 618–324

6. Arbeiten Sie mit den Lebensmotiven Ihrer Zielperson

Der Abgeordnete druckste nicht lange herum am Telefon: »Da gibt es doch jetzt dieses neue Handymodell – meinen Sie, davon könnte ich eins bekommen?« Immerhin war er mit seiner Frage bei der richtigen Branche gelandet. Unter den Unternehmen, die ich vertrat, waren durchaus auch Handyunternehmen.

Aber es gehörte zu unseren Grundätzen, für politische Entscheidungen nicht zu zahlen. Jedenfalls nicht mit Geld oder Waren.

Das hatte einen erstaunlich einfachen Grund: Es wäre viel zu teuer. Dafür gab es schlicht und ergreifend kein Budget.

Viele glauben, Lobbyisten hätten ständig einen Koffer voll Bargeld dabei, den sie den Politikern an dunklen Straßenecken oder in den berühmten Hinterzimmern mit vielsagendem Blick übergäben – und schon liefe alles nach ihrem Willen.

Die Wahrheit sieht aber so aus: Viele Lobbyisten – von Verbänden und Unternehmen gleichermaßen – haben schon Probleme, wenn sie nach einer Dienstreise eine Taxiquittung abrechnen wollen. Nicht selten sieht man nach offiziellen Terminen die Lobbyistenschar gesammelt zur U-Bahn-Station ziehen, weil viele gehalten sind, die billigeren öffentlichen Verkehrsmittel zu nutzen. Wenn zu morgendlichen Sitzungen Kollegen aus ganz Deutschland anreisten, beraumten wir manchmal extra noch ein kurzes offizielles Treffen am Vorabend an – weil viele nur so eine Übernachtung von ihrem Arbeitgeber bezahlt bekamen und nicht den 6-Uhr-Flieger nehmen mussten. Kein Unternehmen hat Geld übrig, überall wird gespart, jede Ausgabe dreimal geprüft. Da sind keine Geldkoffer zu verteilen, noch nicht einmal an Politiker.

Der zweite Grund ist das Gesetz. Wer »Amtsträger« ist, also Aufgaben der öffentlichen Verwaltung wahrnimmt, darf grundsätzlich keine Vorteile von außen annehmen oder gar fordern. Das gilt unter anderem für alle Ansprechpartner in den Ministerien. Da ist es schon strafbar, sich durch Geld ein »allgemeines Wohlwollen« zu erkaufen. Beide Seiten – der Geber und der Nehmer – können dafür bis zu drei Jahre lang ins Gefängnis kommen. Fließt Geld für eine ganz bestimmte Diensthandlung, zum Beispiel für eine Genehmigung, sind es sogar bis zu fünf Jahre. Wer hier mit Geld operiert, ist kein Lobbyist, sondern ein Straftäter.

Etwas lockerer geht das Gesetz allerdings mit den Abgeordneten um. Hier ist nur der konkrete Stimmenkauf strafbar. Schenke ich also einem Bundestagsabgeordneten tatsächlich ein Handy, damit er für oder gegen ein bestimmtes Gesetz stimmt, dann sind für uns beide bis zu fünf Jahre Gefängnis drin.

Schenke ich ihm das Handy aber einfach so, nur damit er mich lieber mag, dann ist das nicht strafbar – zumindest aktuell. Seit Jahren diskutieren die Abgeordneten darüber, ihre eigene Bestechlichkeit strenger zu regeln. So fordert es auch die UN-Konvention gegen Korruption, die Deutschland bis heute nicht ratifiziert hat. Immer wieder finden sich »Argumente« dagegen. Daher steht bis heute im Abgeordnetengesetz: »Die Entgegennahme von Spenden bleibt unberührt.«

Allerdings bringt es mir auch nicht viel, wenn ein einzelner von 620 Abgeordneten mich ganz arg mag. Ich müsste also noch einigen Hundert anderen Abgeordneten etwas schenken, um mir wirklich die Mehrheit des Bundestages gewogen zu machen. Und da sind wir wieder bei der Budgetfrage ...

Natürlich gibt es Ausnahmen. Es gibt Unternehmen, die sich Politik mit Geld kaufen wollen und die sich das auch etwas kosten lassen.

Sie nutzen dafür drei Wege: Zum einen die bereits beschriebene Möglichkeit, sich Abgeordnete mit Geld grundsätzlich gewogen zu halten. Da gibt es Abgeordnete, die ganz offiziell eine Nebentätigkeit bei einem Unternehmen haben, als »Berater«. Jeder Abgeordnete darf Nebentätigkeiten haben – es ist rein rechtlich völlig »sauber«, wenn ein Bundestagsabgeordneter im Nebenberuf noch Geschäftsführer eines Verbandes ist oder ein Lobbybüro eines Unternehmens leitet. Offenlegen müssen Abgeordnete ihre Nebeneinkünfte, wenn sie 1.000 Euro im Monat oder 10.000 Euro im Jahr übersteigen. Diese Offenlegungen kann man auf der Internetseite des Deutschen Bundestages nachlesen, aber die wenigsten Menschen interessieren sich dafür überhaupt im Detail.

Die zweite Möglichkeit eröffnet das Parteiengesetz mit der lapidaren Aussage »Parteien sind berechtigt, Spenden anzunehmen«. Und zwar in unbegrenzter Höhe. Diese Spenden sind ein wichtiger Teil der Parteienfinanzierung. Veröffentlicht werden müssen sie erst, wenn sie über 10.000 Euro liegen.

Besonders beliebt ist die dritte Möglichkeit, das Sponsoring: Unternehmen stellen auf Parteitagen oder Kongressen kostenlos Essen, Getränke, Internetcafés, Musikanlagen und Ähnliches zur Verfügung. Vor den Sitzungssälen sieht es oft aus wie auf einer Messe: Unternehmen »informieren« mit Ständen, für die sie ungewöhnlich hohe Standgebühren an die Partei zahlen. Zu Recht fordern viele seit Jahren eine klare Regelung auch für das Sponsoring – doch getan hat sich bisher nichts.

Alle drei Wege sind legal. Alle drei Wege stehen zu Recht in der Kritik. Denn natürlich ist dann nicht mehr sichergestellt, dass Abgeordnete bei allem, was sie tun, »nur ihrem Gewissen unterworfen« sind, wie es das Grundgesetz so schön vorsieht. Politische Einflussnahme wird dann problematisch, wenn nicht klar ist, wer wen wofür bezahlt und wer warum welche Position vertritt. Und wenn die Person, welche die Interessen vertritt, identisch ist mit der Person, die über die Interessen entscheidet. Wenn also der Lobbyist selbst auch der Abgeordnete ist, der die Gesetze macht. Die Deutsche Gesellschaft für Politikberatung – eine Vereinigung von Lobbyisten in Deutschland – schreibt in ihrem Verhaltenskodex ausdrücklich eine »strikte Trennung« zwischen Interessenvertretung und politischen Ämtern, Mandaten und Funktionen vor. Trotzdem gibt es solche Fälle leider immer wieder, und sie bringen das System der politischen Interessenvertretung dann insgesamt in Verruf.

Allerdings lässt sich meist auch nur schwer nachvollziehen, wo jemand wirklich »beeinflusst« worden ist: Wenn die wirtschaftsfreundliche Partei wirtschaftsfreundliche Gesetze durchsetzt – liegt das dann daran, dass ein großes Unternehmen ihr viel Geld gespendet hat? Oder einfach daran, dass wirtschaftsfreundliche Gesetze grundsätzlich der Überzeugung der wirtschaftsfreundlichen Partei entsprechen? Manche Unternehmen spenden Millionen und müssen sich hinterher fragen: Wäre ohne diese Spende eigentlich am Ende irgendetwas anderes herausgekommen? Eine Frage, über die Controller besser nicht nachdenken. Es ist also nicht einfach, die Zusammenhänge zwischen Geld und Gegenwert zu klären. Und gerade deshalb bleibt ein Unwohlsein mit der derzeitigen Praxis in Deutschland.

Doch das sind Fragen der Parteienfinanzierung und weniger Fragen der alltäglichen Arbeit eines Lobbyisten. Die verbreitete Vorstellung, ein Lobbyist arbeite hauptsächlich mit Geld, geht an der Realität vorbei. Das Gegenteil ist der Fall: Ein Lobbyist, der zahlt, ist die Ausnahme. Es ist dann selbst sein Geld nicht wert.

Und deshalb antwortete ich dem Abgeordneten am Telefon: »Natürlich können Sie so ein Handy bekommen. Wohin sollen wir die Rechnung schicken?«

▶▶◀◀

Außer dem Bedürfnis nach Vertrautheit gibt es viele andere Bedürfnisse. Sie sind bei allen Menschen unterschiedlich stark ausgeprägt. In der Psychologie spricht man von den »Motiven« eines Menschen und meint damit bestimmte Arten von Zielen, nach denen jeder von uns ganz individuell in seinem Leben strebt.

Es geht also um die Frage: Was ist wem wie wichtig?

Die Motive sind relativ stabile Persönlichkeitsmerkmale. Aber wie stark ein Bedürfnis gerade ist, hängt natürlich auch von den äußeren Umständen ab, nämlich davon, wie groß der »Mangelzustand« ist: So haben nach drei Tagen Hungern selbst solche Menschen ein großes Essbedürfnis, denen Essen sonst weniger viel bedeutet.

Einige wichtige menschliche Bedürfnisse sind:

▸ Anerkennung
▸ Macht
▸ Sexualität
▸ Essen
▸ Spaß
▸ Zugehörigkeit
▸ Geborgenheit
▸ Wettkampf
▸ (Materielles) Wachstum
▸ Kreativität
▸ Neugier
▸ Ordnung
▸ Ruhe
▸ Harmonie
▸ Gerechtigkeit
▸ Selbstständigkeit
▸ Bewegung
▸ Sicherheit

Kennen Sie die individuellen Lebensmotive der Menschen um Sie herum, dann halten Sie den Schlüssel in der Hand, um diese Menschen zu steuern.

Und diese Art der Steuerung ist nicht so negativ, wie sie sich vielleicht anhört. Erinnern Sie sich an den Zusammenhang zwischen Bedürfnisbefriedigung und guten Gefühlen? Viele Menschen sind unglücklich, weil sie ihre Bedürfnisse entweder nicht kennen oder vernachlässigen. Wenn Sie anderen Menschen helfen, ihre Bedürfnisse zu finden und zu befriedigen, dann erweisen Sie ihnen oft einen wichtigen Dienst. Das machen sonst gut bezahlte Coaches, manchmal sogar Therapeuten. Die bedürfnisorientierte Beeinflussung führt andere Menschen immer zu einem Zustand, in dem ihre wichtigen Bedürfnisse befriedigt sind – also einem Zustand, der für sie selbst gut ist. Und wenn Sie diesen Zustand mit Ihren eigenen Zielen verbinden können, dann ist das eine wahre Win-win-Situation. Sie helfen sich selbst, indem Sie anderen helfen.

So schließen Sie Ihre Mitmenschen auf

Woher wissen Sie nun, welche Motive Ihre Zielperson hat? Das ist zugegebenermaßen nicht immer einfach herauszufinden. Viele Menschen kennen, wie gesagt, noch nicht einmal ihre eigenen Bedürfnisse besonders gut. Nicht jeder beschäftigt sich intensiv mit der Frage »Was ist mir im Leben wichtig?«. Und noch seltener denken die meisten von uns gezielt über die Frage »Was ist meinem Gegenüber im Leben wichtig?« nach.

Ein erster Schritt ist, sich überhaupt einmal mit der Liste der menschlichen Bedürfnisse vertraut zu machen und zu verstehen, dass jeder Mensch andere Bedürfnisse hat.

Der nächste Schritt besteht darin, zuzuhören und zu beobachten:

▸ Wie begründet mein Gegenüber, dass es etwas tut oder nicht tut?

▸ Wie reagiert es in bestimmten Situationen?

▸ Wann fühlt mein Gegenüber sich gut, wann nicht?

Auf denselben Vorschlag können unterschiedliche Menschen zum Beispiel ganz unterschiedlich reagieren. Nehmen wir an, Sie wohnen in einer Wohngemeinschaft und schlagen Ihrem Mitbewohner vor, eine Haushaltshilfe zu engagieren, die einmal pro Woche kommt, um zu putzen und zu bügeln. Die Kosten dafür wollen Sie sich teilen. Ihr Mitbewohner könnte zum Beispiel sagen:

1. »Ja, gute Idee, dann haben wir endlich unsere Ruhe an den Wochenenden.«

2. »Ja, wenn wir auch eine Haushaltshilfe haben, dann nehmen uns vielleicht auch die reichen Nachbarn etwas ernster und schauen nicht mehr so arrogant auf uns herab.«

3. »Nein, das ist mir zu teuer.«

4. »Nein, das finde ich ungerecht, denn du verbringst viel mehr Zeit in der Wohnung.«

5. »Nein, ich möchte nicht, dass eine fremde Person in unsere Wohnung kommt.«

6. »Nein, ich putze gerne selbst.«

Schon aus solch einfachen Sätzen können Sie sehr viel lernen über die Lebensmotive Ihres Mitbewohners. Sie können jede dieser unterschiedlichen Reaktionen einem der oben genannten Bedürfnisse zuordnen:

1. Ruhe
2. Anerkennung, Wettbewerb
3. (Materielles) Wachstum
4. Gerechtigkeit
5. Sicherheit
6. Selbstständigkeit

Haben Sie so zum Beispiel herausgefunden, dass Ihr Mitbewohner ein großes Bedürfnis nach Anerkennung hat: Dann werden Sie bei allem, was Sie von ihm erreichen möchten, am weitesten kommen, wenn Sie darauf achten, dass dieses Bedürfnis befriedigt wird. Möchten Sie ihn also in Zukunft dafür gewinnen, gemeinsam einen neuen teuren Kaffeeautomaten anzuschaffen, dann werden Sie eher nicht davon schwärmen, wie gut der Kaffee daraus schmeckt. Sondern Sie werden sagen: »Damit beeindrucken wir jeden Besucher.« Das hört sich logisch an, wenn man es so liest – aber im Alltag schlägt wieder der Egozentrismus zu. Wenn für *uns selbst* der Geschmack des neuen Kaffees ausschlaggebend ist, versuchen wir, über dieses »Argument« auch andere zu überzeugen.

Nicht alle Menschen sprechen darüber, warum sie etwas tun oder nicht tun. Dann bleibt Ihnen nur Beobachtungsarbeit. Man kann an anderen Menschen praktisch auf Schritt und Tritt etwas über ihre Bedürfnisse ablesen: Wie verhält sich zum Beispiel jemand in Gesellschaft? Ergreift er das Wort vor anderen? Setzt er sich still in eine Ecke und möchte in Ruhe gelassen werden? Schaut er, dass es allen gut geht und jeder zu essen und zu trinken bekommt und beachtet wird? Das können je nachdem Hinweise sein auf

Bedürfnisse nach Aufmerksamkeit, Ruhe oder Gerechtigkeit und Harmonie.

Oder Sie haben die Möglichkeit herauszufinden, wie die Person ihre Wochenenden verbringt. Mit der Familie? Beim Segelfliegen? Auf dem Fußballplatz? Auf der Couch? Im Museum? Bei der Bürgerinitiative? Das kann hindeuten auf Bedürfnisse wie Geborgenheit, Neugier, Wettbewerb, Ruhe, Kreativität oder Gerechtigkeit.

Auch ein Blick in ein Büro kann viel aussagen über die Bedürfnisse des Menschen, der dort arbeitet: Stehen da Bilder von der Familie (Geborgenheit, Zugehörigkeit)? Hängen Urkunden oder Auszeichnungen an der Wand (Anerkennung)? Oder selbst gemachte Fotos (Kreativität, Anerkennung)? Ist es sehr aufgeräumt (Ordnung)? Liegt eine Packung Schokoriegel herum (Essen)? Geht jemand selbst an sein Telefon oder ist er nur über sein Vorzimmer erreichbar (Macht)?

Schließlich kann auch ein Blick auf das Gesicht eines Menschen jederzeit viel über seine Motive verraten: In welchen Situationen strahlt er, freut er sich (Bedürfnisse werden gerade erfüllt), unter welchen Umständen ist er schlecht gelaunt und unglücklich (Bedürfnisse werden gerade nicht erfüllt)?

Es klingt am Anfang etwas nach Detektivarbeit, die Lebensmotive der Menschen um sich herum zu erforschen. Aber die Mühe lohnt sich: Zum einen werden Sie feststellen, dass die Detektivarbeit Spaß macht! Jede Erkenntnis ist nämlich für Sie selbst mit einem glücklich machenden Aha-Effekt verbunden. Sie werden sofort besser verstehen, warum die Person in der Vergangenheit so oder so gehandelt hat – und Sie werden vorhersagen können, wie die Person in Zukunft in bestimmten Situationen handeln wird.

Vor allem aber werden Sie Blut lecken, sobald Sie einmal gemerkt haben, wie leicht sich Menschen steuern lassen, wenn Sie ihre Motive kennen. Sie werden nie wieder aufhören wollen, nach den Bedürfnissen anderer Menschen zu forschen!

Ein positiver Nebeneffekt: Sie werden auch sensibler für Ihre eigenen Bedürfnisse – also dafür, was genau *Sie* brauchen, um sich wohlzufühlen. Die wenigsten Menschen wissen das wirklich genau.

Wann Geld wirkt – und wann es schadet

In der Einstiegsgeschichte zu diesem Kapitel ging es um das Bedürfnis nach materiellem Wachstum, man könnte auch sagen: nach Geld. Geld ist insofern ein universelles Mittel, als sich damit ganz viele Bedürfnisse befriedigen lassen – fast alle: Essen, Sicherheit, Kreativität, Anerkennung, Wettkampf, ja sogar: Sexualität. Gehen Sie die Liste oben durch und Sie werden feststellen, dass die richtige Menge Geld tatsächlich fast alles Nötige besorgen kann, um jedes der dort genannten Bedürfnisse zu erfüllen. Setzt man Geld richtig ein, um seine Bedürfnisse zu befriedigen, dann kann es tatsächlich glücklich machen.

Oft reichen auch schon winzige Beträge, wenn Geld ein Symbol für Anerkennung ist. Kürzlich stand in einem Imbiss ein Herr vor mir, der in die Dose mit der Aufschrift »Trinkgeld« ein 20-Cent-Stück warf. Die Verkäuferin war fast zu Tränen gerührt: »Sie sind heute der Erste, der da etwas reingeworfen hat«, sagte sie. Und im selben Atemzug: »Kommen Sie ruhig noch mal zu mir, wenn Sie nachher einen kostenlosen Nachschlag möchten.«

Die Motivation mit Geld hat aber auch Nachteile. Zwei haben wir schon kennengelernt: Sie ist nicht immer legal – und außerdem muss man selbst erst einmal das Geld haben, mit dem man andere bewegen will. Nicht immer reichen 20 Cent.

Es gibt noch einen dritten Nachteil: Die Motivation mit Geld kann auch nach hinten losgehen. Eine äußere – »extrinsische« – Belohnung kann nämlich eine innere – »intrinsische« – Motivation schwächen oder gar zerstören.

In der Psychologie ist das als der »Korrumpierungseffekt« bekannt: In einem Experiment gibt man zum Beispiel Kindern ein Mathematik-Lernspiel. Die Kinder beschäftigen sich damit am Anfang stark, weil es ihnen Freude macht. Antriebe sind Neugier und Spaß. Dann belohnt man sie einige Tage lang mit Süßigkeiten dafür, dass sie sich mit dem Lernspiel beschäftigen. Am Ende stellt man die Belohnung wieder ein und schaut, wie sehr sich die Kinder dann noch für das Mathematik-Lernspiel interessieren. Das Ergebnis: Ihr Engagement geht im Vergleich zum Anfang drastisch zurück.

Gibt es plötzlich einen äußeren Anreiz für etwas, das wir bisher freiwillig und gerne getan haben, so bewertet unser Gehirn diese Tätigkeit auf einmal neu. Es sagt sich: »Soooo toll kann diese Tätigkeit ja nicht sein, wenn ich dafür belohnt werde.« Das liegt daran, dass wir von Kindesbeinen an gelernt haben: Äußere Belohnungen gibt es nur für unangenehme Dinge! Waren wir mit den Hausaufgaben fertig, belohnten uns unsere Eltern vielleicht damit, dass wir Computer spielen oder fernsehen durften. Für die angenehmen Tätigkeiten selbst – Computer spielen oder fernsehen – gab es hingegen nie eine Belohnung.

Vor allem die Arbeitswelt kämpft täglich mit diesem Problem: Prämienzahlungen können den Spaß an der Arbeit verderben, sofern er ursprünglich einmal vorhanden war. Andererseits: Sollen nur die Mitarbeiter Prämien bekommen, die ihre Arbeit von vornherein hassen? Das wäre auch ungerecht. Dieses Dilemma ist bis heute ungelöst.

Bevor Sie jemanden mit äußeren Belohnungen – vor allem mit Geld oder Ähnlichem – zu etwas bewegen wollen, sollten Sie also sehr sorgfältig prüfen, ob Sie nicht in der Liste oben ein anderes Bedürfnis finden, das in dem konkreten Fall viel stärker wirkt: Je stärker zum Beispiel Treiber wie Idealismus, Gerechtigkeit, Spaß, Anerkennung, Kreativität wirken, desto eher richten Geld und andere äußere Belohnungen Schaden an.

Geld hilft aber, wenn sich die erwünschte Handlung über kein anderes Bedürfnis schmackhaft machen lässt – wenn Ihre Zielperson das, was sie tun soll, also wirklich als unangenehme Tätigkeit empfindet.

Schauen wir uns nun einige der wichtigsten Bedürfnisse etwas näher an – besonders die unterschätzten.

So holen Sie Menschen bei ihrem einfachsten Grundbedürfnis ab

Es galt die »Chatham-House-Regel«. Das heißt: Die Masken waren gefallen. Wir saßen in überschaubarer Runde zusammen, Abgeordnete, Ministerialbeamte, Wissenschaftlerinnen, Vertreter von Unternehmen, Verbänden und Interessengruppen.

Seit Langem wollten wir in der Branche eine regelmäßige Diskussionsrunde mit Politikern ins Leben rufen. Von solchen Veranstaltungen ist Berlin voll: Wer gerade am selben Thema arbeitet, trifft sich zum Austausch. Jemand hält einen kurzen Einführungsvortrag, dann können alle fragen und diskutieren.

Das dient zum einen der Kontaktpflege – denken Sie an den Effekt der bloßen Darstellung aus Kapitel 5. Zum anderen hilft es tatsächlich allen Beteiligten, sich zu informieren und auf dem Laufenden zu bleiben: Die Interessengruppen erfahren, wie die Politiker bestimmte Themen einschätzen, welche Gesetze sie planen. Sie können sich dann überlegen, was das für sie bedeuten würde und wie sie sich dazu verhalten wollen.

Die Politiker wiederum können sich ein Bild von der Realität verschaffen: Wo liegen wirklich die Probleme für einen bestimmten Wirtschaftszweig, für die Verbraucher, für Behörden, für Gerichte? Wie praxistauglich sind geplante Gesetzentwürfe?

Möchte die Politik zum Beispiel ein Vorhaben wie die Vorratsdatenspeicherung regeln, dann brauchen die politischen Entscheider zuerst einmal viele, viele Informationen, wenn sie sich nicht mit ihrem Vorschlag blamieren wollen: Welche Daten fallen bei einem Telefonat eigentlich an? In welcher Form? Wie kann man sie technisch speichern? Wie viel Speicherplatz braucht man dafür? Wie leicht kann man später in dem gigantischen Datenberg etwas wiederfinden, wenn zum Beispiel die Polizei für eine Fahndung ganz dringend Informationen über ein bestimmtes Telefonat unter Millionen von Telefonaten braucht? Wie funktioniert überhaupt ganz praktisch eine Anfrage der Polizei an ein Telefonunternehmen? Ruft sie am besten an? Schickt sie ein Fax? Wie lässt sich sicherstellen, dass sich nicht einfach jemand als Polizist ausgibt? Sollten Daten grundsätzlich nur auf richterlichen Beschluss herausgegeben werden? Würde das zu lange dauern oder die Gerichte lahmlegen? Wie lässt sich – rein technisch – der Datenberg vor Missbrauch und unberechtigtem Zugriff schützen?

All das sind Dinge, die normale Abgeordnete, die im Hauptberuf vielleicht Deutschlehrerin, Schreiner oder Versicherungssachbearbeiter sind, nicht wissen können. Das ist keine Schande, woher sollten sie sich damit auskennen? Eine Schande wäre es nur, zu entscheiden, ohne sich die nötigen Informationen zu beschaffen. Und dafür gibt es nur eine seriöse Möglichkeit: Jemanden zu fragen, der sich damit auskennt.

Oft sind die Treffen langweilig, weil alle ihre gewöhnlichen Rollen spielen: Die Diskussion hat sich verselbstständigt, wie wir es schon in Kapitel 1 besprochen haben. Die Interessengruppen sagen also das, was sie immer sagen: Die Verbraucherverbände zum Beispiel wittern hinter jedem Geschäftsmodell die große Abzocke, die Unternehmen malen bei jeder gesetzlichen Regulierung ihren Ruin und den Verlust sehr vieler Arbeitsplätze an die Wand. Die Politiker setzen eine wissende Miene auf und versichern, eine »interessengerechte Lösung« zu finden.

Manchmal aber verlassen die Menschen die Rollen, die auf ihrem Namensschild stehen. Dann sagen sie, was sie wirklich denken. Und dann gibt es wirklich interessante Gespräche. Da ist sich der prominente Abgeordnete nicht zu schade zuzugeben, dass er von einem speziellen Thema keine Ahnung hat. Und bittet darum, es ihm zu erklären. Da gesteht eine Unternehmensvertreterin, dass sie bestimmte Verbesserungen beim Kundenschutz eigentlich ganz sinnvoll fände. Und da sagt der Verbraucherschutzaktivist, dass seine große PR-Kampagne doch etwas überdramatisiert war, einfach weil man noch ein wenig Budget für die Öffentlichkeitsarbeit übrig hatte.

Die »Chatham-House-Regel« wurde schon 1927 im Londoner Chatham House erfunden, dem Sitz des Royal Institute of International Affairs. Seitdem wendet man sie weltweit bei verschiedenen Treffen an. Sie besagt: Außerhalb des Treffens darf zwar jeder die Informationen verwenden, die er bei dem Treffen erfahren hat. Aber er darf nicht sagen, von wem eine Aussage stammt.

Dahinter steht die Übereinkunft, dass jeder für den vereinbarten Zeitraum seine persönliche Meinung äußert und nicht die seiner Organisation. Besonders solche Situationen führten uns allen immer wieder vor Augen, dass wir es mit Menschen zu tun hatten, die von ganz unterschiedlichen eigenen Beweggründen gesteuert wurden – und eben nicht mit abstrakten Vertretern der Organisationen, die auf ihrem Namensschild standen. Das gerät an normalen Tagen doch sehr schnell in Vergessenheit.

Die »Chatham-House-Regel« schützt also die Anonymität. Manchmal steht auch nur ein Teil einer Zusammenkunft unter dieser Regel, dann ist der Kontrast zu dem anderen Teil besonders unterhaltsam, dem Teil, in dem alle wieder ihre gewohnten Rollen spielen.

In der Öffentlichkeit gelten vertrauliche Gespräche oft als anrüchig. In Wahrheit aber ist man dort den vernünftigen Lösungen oft am nächsten, weil auf den Menschen nicht mehr der Druck lastet, das zu sagen, was die Öffentlichkeit von ihnen in ihrer Rolle erwartet. Das wissen übrigens auch die Journalisten, die solche »Heimlichtuerei« oft kritisieren: Auch sie führen vertrauliche Hintergrundgespräche, mit Politikern ebenso wie mit Interessengruppen. Vertraulichkeit muss nicht immer etwas Gutes bedeuten – aber auch nicht zwingend etwas Schlechtes.

Ob mit »Chatham-House-Regel« oder ohne – solche Treffen sind oft aufschlussreich und fast immer hilfreich. Doch die Konkurrenz ist in Berlin so unfassbar groß, dass man um jeden Teilnehmer kämpfen muss. Meist melden sich viele an und kommen dann doch nicht, weil ihnen kurzfristig ein anderer Termin oder zu viel Arbeit dazwischengekommen ist. Die »No-Show-Quote« war bei allen diesen Veranstaltungen hoch.

In der Branche fragten wir uns, wie wir die Teilnehmerzahl dauerhaft erhöhen könnten. Wir hatten einiges versucht: unterschiedliche Orte und Zeiten, zugkräftige Redner. Nichts wirkte sich merklich auf die Besucherzahlen aus. Als ich wieder einmal über diese Frage nachdachte, klingelte mein Telefon. Ein Fraktionsmitarbeiter meldete sich auf eine Terminanfrage. Er sagte zu, unter einer Bedingung:»Sie reservieren im Steakhaus.«

Da notierte ich auf die Planungen für das nächste Branchentreffen: Lasst uns etwas zu essen anbieten.

Wir versuchten es. Wir machten aus den Treffen Arbeitsfrühstücke. Es gab etwas Gutes zu essen, vom Feinkosthändler.

Und die Leute kamen. Sie kamen nicht, sie rannten uns die Bude ein. Die »No-Show-Quote« sank spektakulär. Die Leute griffen zu, als hätten sie seit Wochen nichts mehr gegessen.

▶▶◀◀

In einer Umfrage nennen Mitarbeiter von Abgeordnetenbüros ganz offen einen Grund, warum sie gerne zu Empfängen kommen:»Es gibt oft ein gutes Essen.« So einfach funktioniert die Welt – aber manchen Dingen trauen wir keine große Wirkung zu, weil sie uns zu einfach erscheinen. Wir glauben, Lösungen müssten immer kompliziert sein.

Das Grundbedürfnis nach Essen gehört daher zu den Bedürfnissen, die wir im menschlichen Miteinander systematisch unterschätzen. Erst in den letzten Jahrzehnten hat sich ein eigenes Forschungsgebiet herausgebildet: die Ernährungspsychologie. Sie beschäftigte sich zunächst nur damit, wie Emotionen unser Essverhalten beeinflussen und zum Beispiel zu Essstörungen führen. Erst neuerdings erforscht sie auch den umgekehrten Zusammenhang: Wie Essen unsere Emotionen beeinflusst – und damit auch unsere Einstellungen gegenüber Personen und Sachen. Daraus hat sich der Begriff des »Mood-Food« entwickelt: Essen, das gezielt die Stimmung beeinflusst.

Alle Erkenntnisse zeigen: Erstaunliches können Sie mit dem einfachen Trick erreichen, dass Sie plötzlich Essen ins Spiel bringen.

Ich beriet einmal ein Unternehmen, das vergeblich versucht hatte, eine lockere wöchentliche Teamversammlung zu etablieren. Da sollten sich alle Mitarbeiter treffen, sich besser kennenlernen und Informationen austauschen. Selbstverständlich war es während der Arbeitszeit angesetzt, aber es kamen nur sehr wenige. Viele sagten aus Zeitmangel ab, zu viel Arbeit, wichtige Termine. Und natürlich zwingt kein vernünftiges Unternehmen seine Mitarbeiter dazu, angeblich wichtige Arbeit liegen zu lassen für ein lockeres Gettogether. Ich gab dem Unternehmen einen einzigen Ratschlag: Bieten Sie etwas zu essen an. Das Unternehmen ließ daraufhin für die Treffen ein ordentliches Essen von einem nahe gelegenen Caterer kommen. Von da an fehlten die Mitarbeiter fast nur noch, wenn sie buchstäblich im Krankenhaus lagen.

Sie sind vermutlich schon einmal umgezogen. Wenn Sie dabei Freunde und Bekannten um Hilfe gebeten haben, dann wissen Sie aus eigener Erfahrung: Ob Sie in die Bitte einen Satz schreiben wie »Es gibt übrigens während des gesamten Tages Pizza satt!«, kann darüber entscheiden, ob Sie am Ende die Kisten allein tragen oder mit vielen anderen.

Wann immer Sie von jemandem etwas wollen, ist es also einen Gedanken wert, ob Sie nicht das Grundbedürfnis nach Essen nutzen können. Menschen werden Ihnen viel eher einen Gefallen tun, wenn Sie sie bei einer Essenseinladung darum bitten. Und Menschen helfen Ihnen eher, wenn Sie sie während der Hilfeleistung bewirten.

In Sitzungen, bei Vorträgen oder anderen Terminen können Sie die Stimmung beängstigend leicht zu Ihren Gunsten drehen, wenn Sie spontan ein paar Schokoriegel verteilen. Manche Menschen beherrschen diesen kleinen Trick perfekt. Sie bekommen meist, was sie wollen.

So einfach ticken wir.

So nutzen Sie Ihren Körper

Es gibt noch ein anderes Bedürfnis, das wir gerne vernachlässigen – diesmal aber weniger, weil wir es nicht für machtvoll genug halten, sondern weil wir meinen, dass es sich nicht gehört, dieses Bedürfnis anzuerkennen.

Der Abgeordnete war sehr wichtig. Und sehr beschäftigt. Und wir brauchten dringend einen Termin bei ihm.

Die meisten Bundestagsabgeordneten sind sehr beschäftigt. Mögen manche Politiker in der Wahrnehmung mancher auch als faul gelten – wer einmal einen Abgeordneten eine Woche lang begleitet hat, wird seine Meinung schnell ändern. Ein Mitglied des Deutschen Bundestages muss auf vielen Hochzeiten tanzen, sich mit vielen Themen aus dem Stand seriös beschäftigen, in der Öffentlichkeit seine Rolle spielen. Leicht ist das nicht und mit wenig Arbeit ist es auch nicht verbunden. Der Beruf des Politikers ist nichts für Leute, die faul sind, viel Schlaf brauchen oder eine schlechte Auffassungsgabe besitzen.

Jede zweite Woche ist Sitzungswoche in Berlin und in einer Sitzungswoche stehen folgende Termine schon einmal fest:

Montag: Sitzungen der Arbeitskreise, Landesgruppen und Fraktionsvorstände.

Dienstag: Vormittags Sitzungen der Fraktionsarbeitsgruppen, nachmittags der gesamten Fraktion.

Mittwoch: Vormittags Ausschusssitzungen, nachmittags Plenarsitzung, abends Parlamentarische Abende.

Donnerstag: Plenarsitzung, oft bis in die späte Nacht.

Freitag: Vormittags Plenarsitzung.

Jede dieser Sitzungen hat ihre Themen, die vor- und nachbereitet werden müssen. Zusammen mit den Fraktionsmitarbeitern werden Gesetzentwürfe, Anfragen, Positionspapiere geschrieben. »Im Hintergrund« läuft die normale Büroarbeit, denn ein Abgeordneter ist auch Vorgesetzter von Mitarbeitern und hat sich darum zu kümmern, dass sein Bürobetrieb läuft.

In den anderen Wochen arbeitet er im Wahlkreisbüro und hält Bürgersprechstunden. Wer einen Nebenberuf hat, geht dem ebenfalls in den sitzungsfreien Wochen nach. Zwischendurch stehen Termine mit Journalisten an – oder eben mit Interessenvertretern.

Schon zweimal hatten wir mit diesem wichtigen Abgeordneten einen Termin vereinbart, den er dann später kurzfristig abgesagt hatte. Bald stand eine wichtige Messe an, und das Büro des Abgeordneten ließ verlauten, dass er bis dahin gar keine freien Termine mehr habe.

Umso erstaunter war ich, als ich in Berlin-Mitte zufällig eine Kollegin auf der Straße traf, die gerade aus ebenjenem Büro kam, das diese Parole ausgegeben hatte. Die Kollegin war sehr intelligent, wortgewandt und kannte sich gut mit den aktuellen Themen aus. Und sie war äußerst attraktiv – und wusste das auch.

»Wir haben gerade fast eineinhalb Stunden richtig nett geplaudert«, erzählte sie mir lachend.

»Wann hast du den Termin bekommen?«, fragte ich.

»Ach, vor zwei Tagen erst, das war total locker«, entgegnete sie.

▶▶◀◀

Was haben Sie gedacht, als Sie diese Geschichte gelesen haben? Was für ein chauvinistischer Autor? Was für eine chauvinistische Welt? Frauen werden einmal wieder nur aufs Aussehen reduziert?

Die meisten Menschen haben ein großes Problem mit der Annahme, dass körperliche Attraktivität, Sex-Appeal, jenseits des Schlafzimmers eine Rolle spielen könnte.

Und doch ist kaum etwas deutlicher wissenschaftlich belegt. In einem interessanten Experiment legt man Probanden zum Beispiel Bewerbungen vor. Die Bewerbungen sind völlig identisch – nur die Fotos unterscheiden sich. Die Probanden sollen die Kompetenz des Bewerbers beurteilen. Das klare Ergebnis: Dem attraktiveren Bewerber trauen sie eine viel größere Kompetenz zu als dem weniger attraktiven. Obwohl er den gleichen Lebenslauf, die gleichen Zeugnisse und die gleichen Referenzen hat.

Und sicher haben Sie selbst schon erlebt, wie doch die »Ideen« der besonders gut aussehenden Kollegin in der Teamsitzung auch immer besonders gut beim Chef ankommen – egal, wie oft andere dieselbe Idee schon vorher geäußert haben, ohne dass der Chef groß darauf eingegangen ist.

Chauvinistisch und sachlich falsch wäre es tatsächlich, das Thema auf Frauen zu reduzieren. Frauen möchten im Gegenteil ihre körperlichen Reize oft nicht ausspielen, weil sie genau den Eindruck vermeiden wollen, sie täten das. Dabei sind es gerade die Männer, die den Effekt seit eh und je nutzen und kultivieren: Neun von zehn Männern geben in Umfragen an, Aussehen sei karriereentscheidend. So unverblümt passiert das alles, dass die Schönheits-OP inzwischen schon für manche zur Investition in die Karriere gehört. Groß gewachsene, attraktive Männer verdienen im Schnitt 15 Prozent mehr als ihre von der Natur optisch benachteiligten Artgenossen – das belegen Studien.

Das Bedürfnis nach Sexualität wirkt mit am stärksten – und wird am meisten tabuisiert. Die britische Soziologin Catherine Hakim hat dieser Wahrheit mit *Erotisches Kapital* ein kluges, umfassendes Buch gewidmet. Das mag man gut oder schlecht finden, deswegen funktionieren wir trotzdem so.

Kein Mensch ist universell für alle gleichermaßen attraktiv – vielmehr ist *jeder* Mensch für *bestimmte* andere Menschen attraktiv. Wenn Sie also gerade nicht ins Beuteschema Ihrer aktuellen Zielperson passen, dann können Sie es sportlich nehmen und mit einem gewissen Augenzwinkern andere Wege finden, um die Zielperson doch noch dort zu fassen, wo sie am empfänglichsten ist: Entweder Sie suchen sich eine andere Zielperson – oder Sie überlegen, ob Sie nicht jemanden kennen, der ins individuelle Raster passt und für Sie »vorsprechen« kann

So stellen Sie Ihr Licht erfolgreich unter den Scheffel

Ein weiteres Bedürfnis kennen wir alle sehr gut. Das Problem ist: Wir konkurrieren um seine Befriedigung, statt unsere wahren Ziele im Auge zu behalten:

 Der Gesetzentwurf stand in den Ausschüssen, das hieß: Viel Zeit war nicht mehr. Wir mussten schnell sein, wenn wir noch etwas ändern wollten. Und das wollten wir.

Kommt ein Regierungsentwurf in den Bundestag, werden die Karten neu gemischt. Das Kabinett, also die Bundesregierung, kann sich noch so einig gewesen sein, am Ende entscheidet das Parlament. Es kann das Gesetz genau so beschließen, wie es die Bundesregierung vorschlägt, es kann Änderungen beschließen – und es kann das Gesetz ganz ablehnen.

Damit sich die Bundesregierung mit ihren Entwürfen nicht blamiert, sprechen die Beamten aus den Ministerien schon vorher mit wichtigen Abgeordneten, sogenannten Berichterstattern. Denen versuchen sie ihren Gesetzentwurf so gut wie möglich zu verkaufen und schon im

Vorfeld auf mögliche Einwände der Parlamentarier einzugehen.

Das ist nichts anderes als eine Art eigene Lobbyarbeit: Die Bundesregierung muss bei den Abgeordneten um ihre Vorschläge werben. Nüchtern betrachtet putzt sie dort genauso Klinken wie die Interessenvertreter der gesellschaftlichen Gruppen auch.

Denn die wirkliche Macht liegt am Ende immer beim gewählten Parlament.

Ein Gesetzentwurf kommt zunächst ins Plenum des Bundestages, dort gibt es eine erste Lesung. Das Plenum tagt unter anderem immer donnerstags, oft bis spät in die Nacht. Will die Mehrheit einen Entwurf weiterbehandeln, dann beschließt sie, den Entwurf an die zuständigen Ausschüsse im Parlament zu verweisen. Weil es so viele Entwürfe und Anträge gibt, findet eine solche Überweisung oft »ohne Aussprache« statt. Das Wort »Lesung« ist dann etwas hochgegriffen.

Ein Ausschuss ist dabei immer »federführend«, andere sind »mitberatend«. Die Ausschüsse diskutieren den Entwurf, prüfen ihn und schlagen dann dem Plenum vor, was es beschließen sollte. Das Plenum folgt diesen Vorschlägen praktisch immer – dort beschäftigt sich kaum noch jemand ernsthaft mit dem Thema. Dazu fehlen Zeit und meist auch die Kenntnisse. In einer zweiten und dritten Lesung im Plenum wird das Gesetz dann formal beschlossen.

Die wichtigen Ansprechpartner sind daher die Leute in den Ausschüssen. Es ist richtig, was viele sagen: Die eigentliche Arbeit des Bundestages findet in den Ausschüssen statt und nicht im Plenum. Dabei können Ausschüsse

so klein sein wie die Kinderkommission, ein Unteraus-
schuss des Familienausschusses, mit seinen fünf Mitgliedern – oder so groß wie der Haushaltsausschuss mit seinen
41 Mitgliedern.

Hier ging es um sogenannte Informationspflichten, also
Angaben, die Unternehmen den Kunden gegenüber machen müssen: Zu welchem Zeitpunkt muss der Kunde auf
welche Weise über den Preis, über seine Widerrufsrechte
und andere Dinge informiert werden?

Diese Informationspflichten sind in Deutschland inzwischen so bizarr geregelt, dass praktisch niemand mehr
durchblickt. Das weiß jeder, der schon einmal etwas im Internet bestellt oder gar selbst verkauft hat: Onlinehändler
müssen einen Wust an Informationen liefern – vor, bei und
nach der Bestellung, bei der Lieferung, auf der Internetseite, per E-Mail, auf Papier. Es gibt nur sehr wenige Kunden,
die all diese Informationen ernsthaft noch wahrnehmen
oder gar genau lesen – und nur wenige Unternehmen,
die es schaffen, die rechtlichen Anforderungen wirklich zu
100 Prozent umzusetzen, selbst wenn sie den besten Willen dazu haben. Die Folge: Die wirklich wichtigen Informationen gehen in der Masse unter, während sich die Unternehmen gegenseitig mit Abmahnungen wegen Verstößen
gegen die Informationspflichten überziehen. Am Ende
blickte sogar das Bundesjustizministerium nicht mehr
durch: Es hatte für die Unternehmen Mustertexte entwor-
fen, die Gerichte später als unzureichend einstuften ...

In dem Entwurf, um den es damals ging, hatte die Regie-
rung unserer Meinung nach mal wieder über das Ziel weit
hinausgeschossen. Es gab mehrere Möglichkeiten und im

Entwurf stand eine, die für die Verbraucher besonders kompliziert war – und für die Unternehmen besonders teuer. Das sind die tragischsten Gesetze: die den Kunden nicht helfen und den Unternehmen unnötige Kosten verursachen.

Wir hatten eine Idee für eine einfachere Lösung – sie wäre nicht nur für die Unternehmen billiger gewesen, sondern auch für die Kunden leichter verständlich. Sie hätte also beiden genutzt, den Kunden und den Unternehmen.

Das Problem: Hätten wir diesen Vorschlag offiziell eingebracht, wäre er sofort »gestorben«. Denn es ging um ein Verbraucherschutzgesetz und da ist jeder Vorschlag, der von »der Wirtschaft« kommt, zunächst einmal »böse« und wird nur mit spitzen Fingern angefasst – ganz egal, wie gut und ausgewogen er auch sein mag. Und das Schlimmste, was sich ein Politiker hinterher in der Öffentlichkeit vorhalten lassen muss, ist, er habe eine Position »der Wirtschaft« übernommen. Dass unterschiedliche Menschen auch völlig unabhängig voneinander, aus jeweils eigener Überzeugung, die gleiche Position vertreten könnten, ohne dass der eine sie vom anderen »übernommen« haben muss – das wird bei dieser Kritik gerne übersehen.

Was konnten wir also tun?

Ich vereinbarte kurzfristig Termine mit wichtigen Mitgliedern des federführenden Ausschusses – und zwar mit je einem aus jeder Fraktion. In den Treffen zeigte ich ihnen unseren Vorschlag und sagte zugleich, dass wir diesen Vorschlag nicht offiziell äußern würden.

Dann gingen wir auseinander und ich wartete, was geschah.

Die Rechnung ging auf. Es dauerte nicht lange, da las ich in der Zeitung, der Abgeordnete Soundso aus der Regierungskoalition habe einen Änderungsvorschlag eingebracht. Einen Vorschlag, der mir ausgesprochen bekannt vorkam. Fast zeitgleich kam ein ganz ähnlicher Vorschlag einer Kollegin aus der Opposition. Am Ende stritt man sich im Ausschuss darüber, wer die Idee zuerst hatte. Bei so viel Einigkeit in der Sache stand einer Änderung des Gesetzentwurfs natürlich nichts mehr im Wege.

▶▶◀◀

Kaum etwas treibt Menschen so sehr an wie das Bedürfnis nach Anerkennung. Wir alle wollen etwas gelten. Wir tun vieles, um unser Selbstwertgefühl zu stärken. Manche sogar alles.

Das Problem: Oft konkurriert unser Geltungsdrang mit anderen Zielen, die wir erreichen wollen. Dann müssen wir uns entscheiden: Entweder wir bekommen Anerkennung und Streicheleinheiten für unser Ego – oder wir erreichen unsere sonstigen Ziele.

Das ist uns im Alltag oft nicht bewusst. Möchten wir andere von etwas überzeugen, dann ist da dieser starke Impuls, zu ihnen zu gehen und ihnen unsere tolle Idee zu präsentieren. Sie von unserer Idee zu überzeugen, mit ihnen zu diskutieren, ihnen zu »beweisen«, dass unsere Argumente besser sind und dass sie selbst unrecht haben. Davon hatten wir es schon in Kapitel 1.

Weil unser Bedürfnis nach Geltung und Anerkennung so groß ist, gesteht sich niemand gerne ein, dass er unrecht hat. Schon gar nicht lässt sich das jemand gerne von anderen sagen.

Selbst wenn Sie also eine Diskussion »gewinnen«, haben Sie immer Ihr sonstiges Ziel verloren.

Daraus lassen sich ein paar einfache Regeln ableiten, die alle Menschen befolgen, die am Ende ihren Willen durchsetzen:

Diskutieren Sie nicht.

Widersprechen Sie niemandem – er wird sowieso bei seiner Meinung bleiben.

Kritisieren Sie nicht.

Wenn ich Unternehmen berate, fragen mich Führungskräfte oft, wie man »richtig« kritisiert. Viele Berater schreiben in dieser Situation die Schlagworte auf, die wir alle schon oft gehört haben: Erst die Stärken loben, »sachlich« bleiben, nicht persönlich werden und so weiter.

Die Wahrheit aber ist anders. Sie lautet ganz einfach:

Man kann nicht »richtig« kritisieren.

Niemand hört Kritik gerne, auch wenn er noch so oft sagt: »Meine Tür steht immer offen, Sie können mit allem zu mir kommen und mir auch immer sagen, wenn etwas nicht stimmt.«

Unser Bedürfnis nach Anerkennung und Wertschätzung, nach Geliebtwerden ist so groß, dass *jede* Kritik *jeden* Menschen kränkt.

Den »richtigen Ton«, mit dem alle glücklich sind, bei dem der Kritisierte aus dem Zimmer geht und denkt: »Jetzt habe ich total nett gesagt bekommen, dass ich offenbar etwas falsch mache, das habe ich auch sofort eingesehen und bin jetzt total froh und dankbar und hoch motiviert, ab sofort alles anders zu machen« – diesen »richtigen« Ton, den gibt es nicht. Deshalb kann man ihn auch nicht treffen.

Das gilt nicht nur für Kritik *durch* Vorgesetzte, sondern auch umgekehrt für Kritik *an* Vorgesetzten. Da der Chef auch ein Mensch ist, kränkt ihn Kritik genauso wie jeden Mitarbeiter, betont er noch so häufig, wie offen er für Kritik sei. Auch wenn sich alle Unternehmen »kritische Geister« wünschen, so macht sich kein Mitarbeiter mit Kritik beliebt – wie sich ebenso nie ein Chef mit Kritik an seinen Mitarbeitern beliebt macht.

Ich weiß, dass es als Tugend gilt, »den Mund aufzumachen« und »anderen auch einmal die Meinung zu sagen«. Aber Sie sollten sich immer fragen, was Sie wollen: Wollen Sie Ihre Meinung *sagen* – oder wollen Sie Ihre Meinung *durchsetzen*?

Das sind zwei grundsätzlich unterschiedliche Ziele, die grundsätzlich unterschiedliche Herangehensweisen erfordern.

Diese Regeln – dem anderen *nicht* die Meinung zu sagen, ihm *nicht* zu widersprechen, ihn *nicht* zu kritisieren – verlangen uns eines ab: Dass wir unser eigenes Bedürfnis nach Geltung und Anerkennung in den Hintergrund stellen. Unser eigenes Bedürfnis danach, recht zu haben. Das ist unglaublich schwer, denn dieses Bedürfnis ist bei uns genauso stark wie bei unserem Gegenüber.

Und doch werden Sie Ihre Ziele nur erreichen, wenn Sie Ihr eigenes Ego hintanstellen.

Was können Sie tun anstelle von Kritik und Belehrungen?

Dem anderen auf Schritt und Tritt die Anerkennung geben, die er braucht: Nicht mit Besserwisserei auftrumpfen, sondern den anderen glauben lassen, Ihre Idee stamme von ihm selbst.

Das ist theoretisch nicht so schwer. Ein paar gezielt leitende Fragen: »Was können wir tun, um …?«, »Hast du eine Idee in Richtung soundso?«, »Hatten Sie nicht einmal vorgeschlagen, dass …?« – und schon kommt der andere selbst auf das, was *Sie* eigentlich wollen. Mit dem wichtigen Unterschied, dass es nun seine Idee ist und Menschen ungeahnte Kräfte entwickeln, wenn es darum geht, ihre eigenen Ideen umzusetzen – während sie die Ideen von anderen meist nicht so interessieren.

Oder Sie stellen sich dumm und bitten einen anderen von vornherein »um Hilfe« bei einem Problem – statt ihm Ihren eigenen Lösungsvorschlag gleich in die Ohren zu posaunen.

Das ist auch als die »sokratische Methode« bekannt – nach dem Philosophen Sokrates, der seinen Gesprächspartner regelmäßig durch geschickte Fragen dazu brachte, das gewünschte Ergebnis als eigene Idee zu formulieren.

Statt andere zu kritisieren, loben Sie sie! Und zwar so, als gäbe es kein Morgen mehr. Haben Sie niemals Angst davor, zu viel zu loben. Denn alle Menschen haben ein unfassbares Lob-Defizit.

Erinnern Sie sich nur daran, was ein Lob bei Ihnen selbst bewirkt. Wenn Ihnen nur jemand ein kurzes »Gut siehst du heute aus« sagt oder »Das haben Sie wirklich schön gemacht«, beflügelt Sie das nicht den ganzen Tag? Möchten Sie den Lobgeber nicht am liebsten umarmen und ihm sofort jeden Wunsch erfüllen? Das ist menschlich, und so geht es allen anderen auch.

Ein Experiment zeigt zum Beispiel: Besucher eines Restaurants geben der Bedienung wesentlich mehr Trinkgeld, wenn die Bedienung sie für ihre Essensauswahl »lobt«. Nutzen Sie die unheimliche Macht des Lobs!

Es gibt dabei einen Trick, mit dem Sie die Wirkung Ihres Lobs potenzieren können: Machen Sie daraus ein Brieftauben-Lob. Loben Sie Ihre Zielperson nicht direkt, sondern über gemeinsame Bekannte. Sie dürfen davon ausgehen, dass das Lob als »positiver Klatsch« zur Zielperson zurückfindet, genauso wie negativer Klatsch. Ein Brieftauben-Lob wirkt glaubwürdiger. Und die Person freut sich noch mehr, weil Sie ihr Bedürfnis nach Anerkennung vor anderen befriedigt haben und nicht »nur« unter vier Augen.

So wirkt das Phantom-Lob

Und nun verrate ich Ihnen noch einen weiteren Kniff für wirkliche Profis – ein Satz, den man sich auf der Zunge zergehen lassen muss: Loben Sie das, was Sie eigentlich kritisieren wollen.

Ich nenne das ein »Phantom-Lob«.

Ein Chef, der seiner Mitarbeiterin zum Beispiel sagt: »Seien Sie nicht so unfreundlich zu den Kunden«, wird damit nichts erreichen, außer dass die Mitarbeiterin noch überzeugter davon sein wird, dass sie die Kunden genau richtig behandelt.

Wahre Wunder bewirkt stattdessen folgender Satz: »Ich finde es beeindruckend, wie zuvorkommend Sie unsere Kunden behandeln.« Und der Mitarbeiter könnte zum

Chef statt »Sie sind ungerecht« sagen: »Ich schätze an Ihnen, dass Sie sich jede Entscheidung so genau überlegen und prüfen, ob sie auch fair ist.«

Das klingt paradox, und daher nennt man es in der Psychologie auch eine »paradoxe Intervention«. Der andere ist durch das Lob so geschmeichelt, dass er in Zukunft ganz besonders auf diese Eigenschaft achten und sie pflegen wird. Er wird dem Lob unbedingt entsprechen wollen.

Die Wirkung beruht auf der selbsterfüllenden Prophezeiung. Sie ist mehrfach experimentell bewiesen: In einem Experiment teilt man zum Beispiel eine Schulklasse willkürlich in zwei Gruppen. Den Schülern in der ersten Gruppe sagt man, sie seien besonders begabt. Den anderen sagt man nichts. Am Ende des Schuljahrs haben die Schüler in der ersten Gruppe tatsächlich bessere Leistungen erbracht, sie sind messbar intelligenter geworden! Diesen Effekt hat erstmals der US-Psychologe Robert Rosenthal nachgewiesen, weshalb er auch als »Rosenthal-Effekt« bekannt geworden ist.

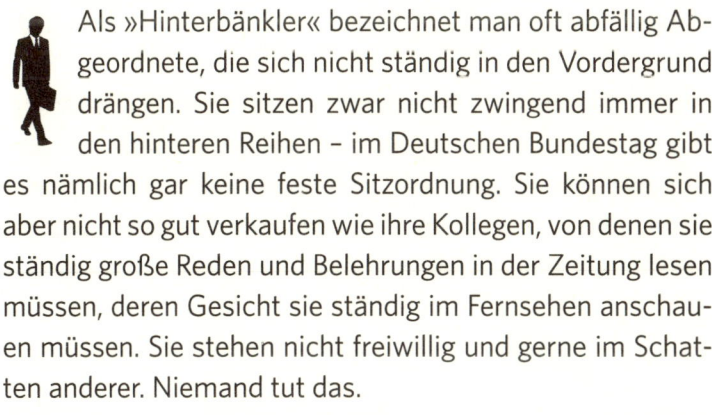

Als »Hinterbänkler« bezeichnet man oft abfällig Abgeordnete, die sich nicht ständig in den Vordergrund drängen. Sie sitzen zwar nicht zwingend immer in den hinteren Reihen – im Deutschen Bundestag gibt es nämlich gar keine feste Sitzordnung. Sie können sich aber nicht so gut verkaufen wie ihre Kollegen, von denen sie ständig große Reden und Belehrungen in der Zeitung lesen müssen, deren Gesicht sie ständig im Fernsehen anschauen müssen. Sie stehen nicht freiwillig und gerne im Schatten anderer. Niemand tut das.

Meine Strategie, vor der Wahl auf die Kandidaten zuzugehen, die politisch noch »nichts« waren, war sehr erfolgreich gewesen. Deshalb setzte ich sie etwas abgewandelt auch nach der Wahl ein: Statt nur mit den Wortführern zu reden, vereinbarte ich ganz gezielt Termine mit »Hinterbänklern«. Bei diesen Abgeordneten bekam ich leicht einen Termin – und sie waren meist überrascht darüber, dass ich mich ausgerechnet mit ihnen traf. »Ich beschäftige mich gar nicht so intensiv mit dem Thema«, hörte ich dann oft, oder: »Mein Einfluss ist da nicht so groß.«

Doch ich lobte die Abgeordneten dafür, dass sie sich mit diesen Themen beschäftigten und sich so gut auskannten. Egal, wie nah oder fern das Lob von der Realität war – niemand fühlte sich dadurch auf den Arm genommen. Alle freuten sich darüber. Wie kleine Könige.

Ich fragte dann ganz direkt: »Haben Sie Lust, sich mit dem Thema auch öffentlich zu profilieren?«

Natürlich hatten sie das. Jeder hat Lust, sich zu profilieren. Und ich nahm mir die Zeit, ihnen ein Thema zu erklären. Und ihnen einige prägnante Positionen an die Hand zu geben, mit denen sie sich in den Sitzungen zu Wort melden konnten.

Und das taten sie. »Als ich etwas zu dem Thema sagte, war es plötzlich mucksmäuschenstill«, berichtete mir eine Abgeordnete später mit strahlenden Augen. »Alle hörten mir zu und nickten sogar anerkennend. Niemand hätte gedacht, dass ich bei diesem Thema so gut mitreden kann ...«

▶▶◀◀

Viel können Sie erreichen, wenn Sie andere einfach als wichtige, bedeutende Menschen behandeln: so wichtig, wie die Menschen sich selber empfinden – und sogar noch ein Stück wichtiger.

Das ist nicht immer einfach, denn wir alle kommen uns bereits viel wichtiger vor, als wir sind. In der Psychologie ist das bekannt als die »Überlegenheitsillusion«: Jeder schätzt sich selbst immer als überdurchschnittlich kompetent, wichtig, attraktiv ein. Alle fühlen sich wie in »Lake Wobegon«, einer fiktiven Stadt in den Geschichten des Schriftstellers und Radiomoderators Garrison Keillor, in der »alle Frauen stark, alle Männer hübsch und alle Kinder überdurchschnittlich« sind. Daher hat die Überlegenheitsillusion auch den Spitznamen »Lake-Wobegon-Effekt«.

Diese Situationen kennen Sie ja sicher: Da ist jemand mit einer nichtssagenden englischen Tätigkeitsbezeichnung auf seiner Visitenkarte, eigentlich ein winziges Schräubchen in einem riesigen Getriebe. Aber er redet von seiner Tätigkeit, als würde das Schicksal der gesamten Welt davon abhängen.

Nun gibt es zwei Möglichkeiten: Sie können dieser Person sagen: »Pass auf, du überschätzt dich dramatisch.« Oder Sie können alles tun, um dieser Person die Wichtigkeit zu geben, die sie für sich selbst empfindet. Wenn Sie etwas von dieser Person möchten, dann tun Sie gut daran, die zweite Möglichkeit zu wählen.

Manche sehen das als Schleimerei oder gar Unehrlichkeit. Aber es ist nicht unehrlich, denn diese Person empfindet sich ja selbst als so wichtig. Sie spiegeln der Person nur ihre eigene Wahrheit. Oft bringen wir doch viel zu viel Zeit da-

mit zu, uns gegenseitig kleinzumachen, »Grenzen aufzuzei-
gen« und das Gefühl der Bedeutung streitig zu machen.
Damit richten wir nicht nur täglich unnötige Kleinkriege
an – sondern auch große Kriege entstehen oft so.

Doch welchen Schaden richten Sie an, wenn Sie einen
Menschen am Abend glücklich einschlafen lassen, weil Sie
sein Bedürfnis nach Anerkennung befriedigt haben – und
ganz nebenbei Ihre eigenen Ziele erreichen? Mit dieser Lösung ist am Ende allen geholfen.

Um bei anderen Menschen das Bedürfnis nach Anerkennung zu befriedigen, kann es schon reichen, sich einfach
nur für sie zu interessieren und ihnen zuzuhören. Ich war
kürzlich bei einer Hochzeit eingeladen und beobachtete
eine interessante Szene: Zwei Gäste trafen aufeinander, die
sich vorher nicht gekannt hatten, ein älterer Herr und eine
junge Dame. Ich sah, wie der ältere Herr auf die Dame ein-
redete, gut eine halbe Stunde lang – sie sagte kaum etwas.
Später wandte sich der Herr an mich und fragte: »Sag mal,
wer ist eigentlich die sympathische Dame dort vorn? Mit
der kann man sich wirklich gut unterhalten.«

So nutzen Sie den Ausna(h)me-Effekt

Der Mann sah entgeistert auf sein Namensschild.
Bevor ich etwas tun konnte, war es schon zu spät.
   Wir veranstalteten gerade einen politischen Abend -
dort treffen Politiker, Unternehmensvertreterinnen,
Wissenschaftler und Journalisten in lockerer Atmosphäre
zusammen.

Wir hatten Namensschilder gedruckt. Nötig waren die nur zum Teil – die meisten kannten sich ohnehin untereinander. Aber wir wussten, wie stolz jeder darauf war, so ein Schild an der Brust zu tragen, auf dem sein Name, eine gut klingende Funktionsbezeichnung und eine wichtige Organisation standen.

Es wimmelte nur so von »Mitgliedern des Deutschen Bundestages«, »Senior Vice Presidents«, »Geschäftsführern«, »Leitenden Redakteurinnen«, »Lehrstuhlinhabern« und »Staatssekretärinnen«.

Ich fand es immer wieder faszinierend, wie sehr selbst hochrangige, prominente Persönlichkeiten jede Sekunde wieder neu und erbittert um ihre Anerkennung kämpften. Anerkennung bekommt man nie genug, egal, wie hoch man aufsteigt, egal, wie oft man sein Gesicht im Fernsehen sieht, egal, wie gefragt man ist.

Bei solchen Veranstaltungen waren alle gleich: Selbst die, von denen der normale Bürger denkt, sie hätten wirklich mehr als genug Anerkennung, tasteten ängstlich suchend den Raum mit den Augen ab: Sieht mich jeder? Kennt mich jeder? Respektiert mich jeder? Will jeder etwas von mir? Oder schwindet meine Bedeutung gar?

Der Mann, der jetzt gerade ungläubig auf sein Namensschild starrte, war schon damals wichtig und bedeutend. Später wurde er Bundesminister. Er hob seinen Arm ganz nach oben, das Namensschild in der Hand, als wollte er jemandem damit zuwinken. Aber das tat er nicht. Seine Hand sauste herunter, und mit einem lauten Knall schleuderte er das Schild auf den Boden. Dann drehte er sich um und ging.

Ich stand nicht weit davon entfernt und eilte bestürzt zu dem Namensschild. Ich hob es auf und las: Es enthielt einen Tippfehler in seinem Namen.

▶▶◀◀

Erinnern Sie sich noch an Horst Köhler, den ehemaligen Bundespräsidenten, den höchsten Mann im Staat, dem weltweit die roten Teppiche ausgerollt wurden? Selbst er schmiss sein Amt hin und machte erstaunlich wenig Hehl aus dem Grund: Ihm fehlten Respekt und Anerkennung. Das Bedürfnis nach Anerkennung kennt keine Grenzen, egal ob wir Busfahrer sind oder Bundespräsident.

Und mit kaum etwas können wir Menschen in ihrem Bedürfnis nach Anerkennung so vor den Kopf stoßen, wie wenn wir uns ihren Namen nicht merken oder falsch schreiben oder aussprechen. Der eigene Name ist für die meisten Menschen ein Heiligtum, was sogar wissenschaftlich erforscht ist und als der »Own-Name-Effect« bezeichnet wird. Die meisten Menschen halten ihren Namen für so wichtig und einzigartig wie sich selbst – ganz egal, ob sie Klaus heißen oder Chrysanthemia-Feodora: Sollen Menschen in einer Studie schätzen, wie häufig ihr Name auf der Welt vorkommt, dann halten ihn die meisten für viel, viel seltener und ausgefallener, als er tatsächlich ist.

Ein anderes Experiment zum »Own-Name-Effect« funktioniert so: Man platziert Probanden in einer großen, lauten Gesellschaft und testet, wie sie auf bestimmte Dinge reagieren, die irgendwo im Raum gesagt werden. Was mehr als einen Meter entfernt ist, kann man meist nicht bewusst wahrnehmen. Und wir blenden die Geräuschkulisse auch aus, sonst würden wir wahnsinnig werden und könnten selbst kein Gespräch mit unserem Gegenüber führen. Wir können also normalerweise nicht verstehen, was jemand in einer solchen Situation am anderen Ende des Raumes sagt – und achten darauf auch gar nicht.

Aber es gibt eine Ausnahme: Fällt irgendwo in einer anderen Ecke des Raumes, mitten in der Geräuschkulisse, der Name eines Probanden, dann nimmt er den plötzlich sehr gut wahr und wendet seine Aufmerksamkeit in diese Ecke.

So wichtig ist den Menschen ihr eigener Name – und doch vernachlässigen wir diese Erkenntnis im täglichen Leben sträflich: Da streckt uns jemand die Hand hin und stellt sich vor, aber wir sind in dieser Sekunde so sehr damit beschäftigt, welchen Eindruck wir selbst gerade abgeben, dass wir den Namen gar nicht mitbekommen. Wir schreiben E-Mails an Geschäftspartner, ohne noch einmal nachzuschauen, ob wir deren Namen auch wirklich richtig geschrieben haben. Ist ja nicht so wichtig. Unternehmen schreiben ihre Kunden mit Tippfehlern im Namen an, nehmen es nicht so ernst, ob die korrekte Anrede »Frau« oder »Herr« dort steht – oder schreiben direkt »An Herrn/Frau ...«.

Regelmäßig habe ich zum Beispiel bei Kundenhotlines folgendes Erlebnis:

Hotline-Stimme: »Herzlich willkommen bei einem großen Unternehmen. Mein Name ist Andrea Sperber. Was kann ich für Sie tun?«

Kunde (ich): »Guten Tag, Frau Sperber.
[*Aus Erfahrung: lange Pause.*]
Mein Name ist Volker Kitz.
[*Aus Erfahrung: lange Pause.*]
Ich habe folgendes Anliegen …«

»Alles klar. Dann bräuchte ich bitte einmal Ihren Namen.«

»Das ist zufällig der, mit dem ich mich gerade vorgestellt
habe: Volker Kitz.«

»Gut, Herr Kiehtz. Dann bräuchte ich bitte noch Ihren
Vornamen …«

Sie können sich für immer in die Herzen neuer Bekannt-
schaften einbrennen, wenn Sie sich einfach deren Namen
gleich beim ersten Mal richtig merken – und das auch zeigen. Das passiert so unglaublich selten, dass Ihr Gegenüber
Sie immer in Erinnerung behalten wird, und zwar in sehr
positiver. Selbst Menschen, die Sie schon lange kennen,
werden Ihnen viel zugetaner sein, wenn Sie sie einfach ein
bisschen öfter mit Namen ansprechen.

Mit den Namen anderer Menschen lässt sich auch bares
Geld verdienen. Eine gemeinnützige Organisation wollte
einmal Spenden sammeln für ein Theater. Kaum jemand
spendete und sie fragten mich, wie sie bekommen konnten,
was sie wollten. Ich gab ihnen einen einfachen Rat: Bieten
Sie jedem Spender an, dass sein Name auf ein schönes
Schild auf einen Stuhl im Zuschauerraum kommt. Binnen

vier Wochen hatte der Verein mit dieser Strategie den gesamten Betrag zusammen.

So können »Bremser« Sie voranbringen

Lassen Sie uns zum Schluss noch auf ein ganz anderes Bedürfnis schauen, das uns ganz andere Dienste leisten kann. Nicht immer geht es ja darum, Menschen zum Handeln zu bringen. Manchmal wollen wir, dass andere etwas *nicht* tun.

Der Minister hatte es versprochen. Er hatte einer anderen Branche in einer öffentlichen Rede zugesagt, ihr »zu helfen«. Diese Branche machte Geschäfte im Internet und wollte bestimmte Verbesserungen erreichen. Diese Verbesserungen allerdings hätten den Mitgliedern unseres Verbandes geschadet. Wir wollten sie also um jeden Preis verhindern.

Daher traf ich mich mit der Referatsleiterin, die das Gesetz ausarbeiten sollte. Ich argumentierte gar nicht inhaltlich gegen das Gesetz – der Minister hatte ja von ganz oben bestimmt, dass es kommen sollte. Stattdessen malte ich ihr in allen Farben aus, wer sich alles gegen den Entwurf stemmen würde. Viele, viele Argumente und öffentliche Diskussionen würde es geben. Sie würde zu vielen Podiumsdiskussionen eingeladen werden, auf denen sie sich rechtfertigen müsste. Viele, viele Stellungnahmen würde sie lesen und irgendwie in der Gesetzesbegründung »verarbeiten« müssen. Ich rief ihr in Erinnerung, dass es hier auch um europäisches Recht ging, dass sie ihren Entwurf der Europäischen

Kommission zur Prüfung würde vorlegen und ihn dort würde verteidigen müssen. Wer jemals eine bürokratische Angelegenheit mit einer EU-Institution zu klären hatte, der weiß, was das bedeutet.

Dann ging ich wieder.

Der Entwurf ist bis heute, viele Jahre später, nicht veröffentlicht worden. Ich erfuhr, dass sich die Referatsleiterin im eigenen Haus plötzlich gegen das Vorhaben stellte. Es gelang ihr am Ende sogar, den Minister davon zu überzeugen, seine unbedachte Ankündigung »auszusitzen«.

▶▶◀◀

Der Antrieb für all das war das Bedürfnis nach Ruhe, Ordnung und Beständigkeit. Dieses Bedürfnis kann ungeahnte Gegenkräfte mobilisieren.

In der Arbeitspsychologie beschäftigt sich heute alle Welt damit, wie man *gegen* das Bedürfnis der Menschen nach Ruhe und Beständigkeit ankämpft, um Veränderungen durchzusetzen: Kaum ein Unternehmen kommt noch ohne Experten für das sogenannte Change Management aus. Eine ganze Armada von Ratgebern erläutert Ihnen, wie Sie den »inneren Schweinehund« bei sich und anderen überlisten können.

Viel zu selten kommen wir hingegen darauf, dass wir das Bedürfnis anderer nach Ruhe und Beständigkeit auch *für* unsere Zwecke nutzen können.

Dabei ist es immer viel leichter, die Realität zu nutzen, als sie zu bekämpfen: Wollen Sie *gegen* die Realität arbeiten, also gegen die menschliche Natur, brauchen Sie die dicken

Bücher zum »Change Management«. Wollen Sie *mit* der Realität arbeiten, brauchen Sie sich nur zu fragen: Wer ist von einer Sache betroffen, die ich verhindern will? Wem bringt sie Stress, Ärger, zusätzliche Arbeit? Für wen bringt sie unliebsame Veränderungen? Und diese Menschen sollten sie auf die Sache ansetzen.

Selbst die aktiven Treiber in einer Sache kann man manchmal erstaunlich schnell verstummen lassen, indem man sie nur bittet, ihren Vorschlag einmal schriftlich auszuformulieren. Oft genügt schon: »Schreiben Sie mir doch eine kurze E-Mail dazu« – und man hört nie wieder etwas von der Person und der Sache.

Lassen Sie nicht zu, dass in Ihrem weiteren Leben noch irgendetwas geschieht, das Sie *nicht* wollen.

Fakten und Effekte

Bestechung, Parteienfinanzierung, Spenden

Grundgesetz, Artikel 38 (Unabhängigkeit des Abgeordneten)
Strafgesetzbuch, §§ 331 ff. (Vorteilsannahme, Bestechlichkeit, Vorteilsgewährung, Bestechung bei Amtsträgern)
Strafgesetzbuch, § 108e (Abgeordnetenbestechung)
Übereinkommen der Vereinten Nationen gegen Korruption, unter: www.unodc.org/pdf/crime/convention_corruption/signing/Convention-e.pdf
Gesetz über die politischen Parteien, § 25 (Spenden)
Gesetz über die Rechtsverhältnisse der Mitglieder des Deutschen Bundestages, § 44a (Ausübung des Mandats)

Geschäftsordnung des Deutschen Bundestages, Anlage 1 (Verhaltensregeln für Mitglieder des Deutschen Bundestages)
Verhaltenskodex der Deutschen Gesellschaft für Politikberatung e.V., unter: www.degepol.de/grundlagendokumente/downloads/verhaltenskodex.pdf

Wahrnehmung der Lobbyisten in Abgeordnetenbüros

Dagger, S. (2009): *Mitarbeiter im Deutschen Bundestag.* Stuttgart: ibidem (Zitat: S. 69)

Bedürfnisse und Lebensmotive

Maslow, A. H. (1943): *A Theory of Human Motivation, Psychological Review,* 50 (4), 370–396
Reiss, S. (2004): Multifaceted Nature of Intrinsic Motivation: The Theory of 16 Basic Desires. *Review of General Psychology,* 8 (3), 179–193
Kitz, V.; Tusch, M. (2011): *Ich will so werden, wie ich bin. Für Selberleber.* Frankfurt/New York: Campus

Korrumpierungseffekt

Fehr, E.; Falk, A. (2002): Psychological Foundations of Incentives. *European Economic Review,* 46, 687–724

Greene, D.; Sternberg, B.; Lepper, M. R. (1976): Overjustification in a Token Economy. *Journal of Personality and Social Psychology*, 34, 1219–1234

Anonymitätsvereinbarungen

Chatham House Rule, unter: www.chathamhouse.org/about-us/chathamhouserule-translations

Ernährungspsychologie

Pudel, V.; Westenhöfer, J. (2003): *Ernährungspsychologie. Eine Einführung*, Göttingen: Hogrefe, 3. Auflage
Canettia, L.; Bacharb, E.; Berry, E. M. (2002): Food and Emotion. *Behavioural Processes*, 60 (2), 157–164

Bedürfnis nach Sexualität

Giles, J. (2008): *The Nature of Sexual Desire*. Lanham, Maryland: University Press of America
Hakim, C. (2011): *Erotisches Kapital: Das Geheimnis erfolgreicher Menschen*. Frankfurt/New York: Campus
Hamermesh, D. S.; Biddle, J. E. (1994): Beauty and the Labor Market. *American Economic Review*, 84, 1174–1194

»Lake-Wobegon-Effekt«/Bedürfnis nach Anerkennung

Tavris, C.; Aronson, E. (2007): *Mistakes Were Made (But Not By Me)*. New York: Marcourt Brace

Ehrlinger, J.; Johnson, K.; Banner, M.; Dunning, D.; Kruger, J. (2008): Why the Unskilled Are Unaware: Further Explorations of (Absent) Self-Insight Among the Incompetent. *Organizational Behavior and Human Decision Processes*, 105, 98–121

Carnegie, D. (2011): *Wie man Freunde gewinnt: Die Kunst, beliebt und einflussreich zu werden*. Frankfurt: Scherz, 47. Auflage

Seiter, J. S. (2007): Ingratiation and Gratuity: The Effect of Complimenting Customers on Tipping Behavior in Restaurants. *Journal of Applied Social Psychology*, 37 (3), 478–485

Rosenthal-Effekt

Rosenthal, R.; Jacobson, L. (1983): *Pygmalion im Unterricht. Lehrererwartungen und Intelligenzentwicklung der Schüler*. Weinheim/Berlin/Basel: Beltz

Own-Name-Effect

Shapiro, K. L.; Caldwell, J.; Sorensen, R. E. (1997): Personal Names and the Attentional Blink: A Visual »Cocktail Party« Effect. *Journal of Experimental Psychology: Human Perception and Performance*, 23 (2), 504–514

Kulig, J. W. (2012): What's in a Name? Our False Uniqueness. *British Journal of Social Psychology*, doi: 10.1111/bjso.12001

Bedürfnis nach Ruhe

Cacasi, A. (2006): *Change Management – Widerstände gegen Wandel – Plädoyer für ein System der Prävention.* Wiesbaden: Springer

III. DIE PERSONEN

7. Wählen Sie die richtigen Zielpersonen

Der Herr im Anzug hatte eine animierte Powerpoint-Präsentation dabei. Er erklärte begeistert sein Vorhaben: eine Initiative für den IT-Standort Berlin. Knapp 45 Minuten lang redete und präsentierte er. Er hatte um den Termin gebeten, um uns seine Pläne vorzustellen.

Mit zwei Kollegen saß ich im Konferenzraum, biss in einen Konferenzkeks und hörte zu. Ich fand seine Initiative sympathisch, ich fand ihn sympathisch. Beste Voraussetzungen, um ihm zu helfen.

»Was genau können wir für Sie tun?«, fragte ich also am Ende.

»Ich bin einfach hier, um Unterstützung für mein Projekt zu organisieren«, entgegnete er.

»Brauchen Sie Geld?«, fragte ich etwas konkreter. Meist ging es ja darum.

»Ach, das eigentlich nicht unbedingt«, sagte er.

»Gut«, dachte ich. Denn dafür hätten wir ohnehin keine Kostenstelle gehabt.

»Soll ich Sie in Kontakt bringen mit einigen Unternehmen aus der Branche?«

»Nein danke, ich denke, mit den relevanten stehen wir schon in Kontakt.«

»Brauchen Sie politische Unterstützung?«

»Die ist natürlich immer gut, aber momentan wüsste ich gar nicht, was die Politik für uns tun sollte.«

»Hm ... Warum sind Sie dann hierhergekommen und haben uns das alles präsentiert?«

»Ich möchte einfach um Unterstützung für mein Projekt werben ...«

▶▶◀◀

Solche Fälle sind besonders tragisch: Wir haben erreicht, dass unsere Zielperson etwas für uns tun möchte.

Wir wissen bloß selbst nicht, was eigentlich genau.

Dass solche Situationen überhaupt zustande kommen, ist eine Folge unserer Argumentationsfreudigkeit, über die wir schon in Kapitel 1 gesprochen haben: Wir versuchen, andere Menschen von unseren Ideen und Wünschen zu überzeugen. Das »Überzeugen« hat sich dabei so verselbstständigt, dass wir uns gar nicht mehr überlegen, *warum* wir eigentlich jemanden überzeugen wollen. So verschwenden wir unsere Kraft oft an völlig falschen Stellen.

Um das zu vermeiden, sollten Sie Ihr Ziel sehr kleinteilig zerlegen. Nur dann zeigt sich, wer Ihre wirklichen Zielpersonen sind.

Dass Sie Ihr Endziel kennen, davon gehe ich einmal aus. »Kenne dein Ziel« lautet in den meisten Ratgebern gleich das erste Kapitel. »Wer sein Ziel nicht kennt, für den ist kein Wind günstig«, sagte schon der römische Philosoph

Seneca zutreffend, einer der meistgelesenen und meistge-
hörten »Ratgeberautoren« aus den ersten Jahrzehnten nach
Christus.

Aber wenn Sie nicht unmittelbar vor dem Endziel stehen,
brauchen Sie andere Menschen zunächst einmal, um ein
Zwischenziel zu erreichen. Und hier wird es schon schwie-
riger. Wie im Beispiel wenden sich Menschen oft sehr un-
differenziert an andere – mit der Bitte um »Unterstützung«.

Aber ein Zwischenziel kann nur in einer ganz konkreten
Handlung bestehen, die Ihre Zielperson ausführen soll.

Eine Handlung ist etwas anderes als ein Zustand. Eine
Handlung kann auf einen Zustand hinwirken, aber dann ist
sie eben ein weiterer Zwischenschritt auf dem Weg zu diesem Zustand. Zielpersonen können immer nur konkrete
Handlungen ausführen, keine Zustände. Bei der Formulie-
rung Ihres Zwischenziels muss also ein Verb vorkommen
und die Zielperson muss das Subjekt in diesem Satz sein.
Sonst machen Sie sich etwas vor. »Generelle Unterstützung
für mein Projekt« etwa ist eher ein Zustand. »Meine Zielperson soll XY anrufen und bei ihm dafür werben, dass er
mir einen Auftrag gibt«, ist hingegen eine konkrete Handlung.

Zu mir kommen zum Beispiel hin und wieder Leute aus
meinem Bekanntenkreis, die auch gern ein Buch veröffentlichen möchten, und bitten mich um Hilfe. Manche von
ihnen wissen sehr genau, welche Handlung ich für sie ausführen soll: etwa mir ein Manuskript ansehen und Verbesse-
rungsvorschläge machen oder einen Verlag empfehlen oder
den Kontakt zu einem Verlag herstellen. Solche Dinge tue
ich gerne. Manche kommen aber auch einfach mit der Bitte

um »Hilfe bei meinem Buchprojekt«. Für diese Leute kann ich nichts tun – so sehr ich sie auch mag.

Haben Sie die konkrete Handlung identifiziert, die Sie von Ihrer Zielperson erwarten, dann stellt sich die weitere Frage: *Kann* Ihre Zielperson die Handlung überhaupt ausführen? Sonst ist sie nicht die richtige Zielperson. Oft trauen wir Menschen Dinge zu, die sie gar nicht vollbringen können. Politiker beklagen sich zum Beispiel häufig darüber, dass Lobbyisten ebenso wie ganz normale Bürger sie um ihre »Unterstützung« zu Themen bitten, für die sie gar nicht zuständig sind und gar keine Entscheidungskompetenz besitzen.

Wenn Sie Ihr Ziel kennen, wenn Sie wissen, welche Zwischenhandlung Sie von Ihrer Zielperson erwarten, wenn Sie sicher sind, dass Ihre Zielperson diese Handlung überhaupt ausführen kann: Dann stellt sich noch die Frage nach der Reihenfolge.

Nicht nur verwechseln wir das Endziel manchmal mit den Zwischenzielen, wir übersehen auch Zwischenziele. Das liegt daran, dass viele Zwischenziele unendlich banal und langweilig sind – ihnen fehlt der Glamour des Endziels. Für das große Endziel »einen Nobelpreis bekommen« kann zum Beispiel das unmittelbar nächste Ziel durchaus lauten: »Jemanden finden, der meinen Drucker repariert, damit ich den Finanzierungsantrag für ein Forschungsprojekt ausdrucken kann.« Bevor Sie diese Person nicht gefunden haben, brauchen Sie sich nicht damit zu beschäftigen, wie Sie das Nobelpreis-Komitee auf Ihre Seite bekommen. Das klingt natürlich wesentlich unspektakulärer als der Nobelpreis selbst – und meist scheitern die Leute an ihrem

Endziel, weil sie sich zu fein dafür waren, sich um die ganz banalen Zwischenziele zu kümmern.

Doch wirklich hilfreich ist es nur, jemanden um etwas zu bitten, das er gleich morgen tun kann. Das setzt voraus, dass alle Zwischenziele bis dahin erreicht sind. Dabei hilft eine Rückwärtsplanung: das Endziel rückwärts in ganz viele kleine Zwischenschritte zu zerlegen, bis zum heutigen Tag.

Ich persönlich mag normalerweise keine Bücher, in denen man scheinbar banale Dinge auf leere Zeilen schreiben soll. Aber bei der Zielpersonenanalyse machen wir uns sehr leicht etwas vor, glauben, ganz genau zu wissen, was wir tun – in Wahrheit haben wir eben doch oft geschludert. Und da die Fragen aus diesem Kapitel so wichtig sind, da alles umsonst ist, wenn wir sie nicht restlos geklärt haben, drucke ich Ihnen ausnahmsweise in diesem Buch auch einmal einen Fragebogen ab. Mit diesem Fragebogen können Sie sich dazu zwingen, die Analyse wirklich genau durchzuführen, bevor Ihre Energie bei der falschen Zielperson verpufft.

1. Mein Endziel:

_____

2. Meine Zielperson:

_____

3. Mein Zwischenziel – eine konkrete *Handlung* der Zielperson:

_____

4. Kann die Zielperson diese Handlung überhaupt ausführen?
o Ja.
o Nein.

5. Kann die Zielperson diese Handlung gleich morgen ausführen?
o Ja.
o Nein: Was ist vorher zu tun? Weiter damit wieder bei Punkt 2.

IV. DIE TRICKS

8. Verschaffen Sie sich Gehör

Etwas war schiefgelaufen.

Ein Gesetz, das wir so nicht wollten, hatte den Bundestag passiert. Es war zwar knapp – die Abgeordneten mussten per »Hammelsprung« abstimmen. Normalerweise stimmen sie für ein Gesetz, indem sie sich von ihrem Platz erheben. Ist dabei die Mehrheit nicht eindeutig zu erkennen, dann verlassen alle den Sitzungssaal und kommen mit einem »Hammelsprung« durch unterschiedliche Türen wieder herein, auf denen »Ja«, »Nein«, und »Enthaltung« steht. Dabei werden die Stimmen genau gezählt.

Und sie reichten in dem Fall leider aus, um das Gesetz anzunehmen.

Auch Lobbyisten bekommen nicht immer, was sie wollen. Lobbyisten werden meist als »mächtig« bezeichnet. Wenn über sie berichtet wird, dann immer darüber, welche Strippen sie wieder gezogen haben und welchen Einfluss sie haben. »Fünfte Gewalt« nennen sie sogar manche, neben den drei Staatsgewalten Gesetzgebung, Regierung/Verwaltung und Rechtsprechung sowie den Medien, die oft als »vierte Gewalt« gelten. Ein Lobbyist, so scheint es dann immer, braucht von einem Politiker nur etwas zu fordern, ja manchmal lediglich diskret die Augenbraue zu heben, und schon geschieht alles so, wie er es sich wünscht. Weil er ja so »mächtig« ist.

Aber welche Macht genau soll das sein? Macht bedeutet ja, dass ich jemanden dazu zwingen kann, gegen seinen Willen etwas zu tun.

Da gibt es zum einen den körperlichen Zwang: Waffengewalt zum Beispiel ist eine Form der Machtausübung – aber eine solche Macht wird den Lobbyisten dann doch nicht unterstellt.

Eine andere Form der Macht ist die institutionelle: Ein Gesetz oder eine sonstige verbindliche Regelung bestimmt, dass der eine über den anderen herrschen kann. Ein Vorgesetzter zum Beispiel hat Macht über seine Mitarbeiter – das Arbeitsrecht verleiht ihm diese Macht in Form des sogenannten Direktionsrechts. Ein Gericht hat Macht über einen Angeklagten. Ein Polizist hat Macht über einen Falschparker. Eine Museumsdirektorin kann einem Besucher verbieten, in ihrem Museum ein Eis zu essen – diese Macht gibt ihr das Hausrecht.

Aber eine solche Macht haben Lobbyisten nicht. Selbstverständlich gibt es kein Gesetz, das bestimmt, Politiker hätten zu tun, was die Lobbyisten sagen.

Und Lobbyisten haben zwar einen Haus*ausweis*, aber kein Haus*recht* im Deutschen Bundestag: Der Name »Lobbyist« kommt daher, dass sie darauf angewiesen sind, sich in der Lobby herumzutreiben und auf die Politiker zu warten. Erst kürzlich wurde in Deutschland darüber berichtet, dass amerikanische Lobbyisten professionelle Warter beschäfti gen, die bei wichtigen Anhörungen für sie stunden- und manchmal tagelang in der Lobby Schlange stehen und ihnen einen Platz sichern. Auch dort war von den »mächtigen« Lobbyisten die Rede, deren Zeit zu schade dafür sei, selbst Schlange zu stehen. Da fragt man sich natürlich: Wie kann jemand, der so »mächtig« ist, überhaupt irgendwo in einer Schlange stehen und warten müssen?

Was man am ehesten mit dem Begriff »Macht« in Verbindung bringen kann, ist sicherlich die Möglichkeit, eine öffentliche Kampagne zu starten. Das nennt man auch ganz unverblümt »Kampagnenfähigkeit«. Nur wer kampagnenfähig ist, wird ernst genommen. Und so »droht« auch mancher Lobbyist manchem Politiker mit einer Kampagne: Wenn du nicht machst, was wir wollen, dann machen wir öffentlich Stimmung gegen dich.

»Kampagnenfähig« ist ein Thema nur, wenn es die Masse der Menschen negativ betrifft. Das ist immer der Fall, wenn Preise oder Steuern steigen oder wenn sehr viele Arbeitsplätze gefährdet sind. Aber selbst dann ist es schwer, eine wirklich große öffentliche Welle loszutreten.

Und wie viel »Macht« hat die Kampagne selbst? Eine Ministerialbeamtin ist meist Beamtin auf Lebenszeit. Es kann ihr vollkommen egal sein, was die Öffentlichkeit über sie gerade denkt. Den meisten ist das auch völlig egal – sie machen ihre Arbeit und scheren sich nicht um den eitlen Trubel drum herum. Es kümmert sie oft noch nicht einmal, was der Minister ihnen sagt. »Ich arbeite hier seit 24 Jahren«, sagte mir einmal trocken ein Referatsleiter in einem Bundesministerium. »Mir ist völlig egal, wer unter mir Minister ist. Mir kann keiner was.«

Und die Abgeordneten? Sie sind gewählt bis zum Ende der Legislaturperiode. Niemand kann sie entlassen oder gar ihr Gehalt kürzen. Keiner kann ihnen auch nur einen Bleistift wegnehmen. Selbst wenn sie aus ihrer Fraktion ausgeschlossen werden, behalten sie ihr Mandat. Nicht einmal das Volk selbst könnte sie vorzeitig abwählen.

Daher erreicht der Lobbyist mit einer öffentlichen Kampagne oft das Gegenteil: Er disqualifiziert sich als seriöser Gesprächspartner und eröffnet eine Art des Kampfes, auf die nicht wenige Politiker mit dem Motto reagieren: »Das wollen wir doch einmal sehen, wer hier wirklich die Macht hat.« Deshalb ist die öffentliche Kampagne für jeden Lobbyisten erst das allerletzte, selten eingesetzte Mittel.

Natürlich kann öffentliche Stimmung dazu führen, dass ein Minister zurücktritt oder ein Abgeordneter nicht wiedergewählt wird. Aber nur, wenn sich die öffentliche Stimmung darauf bezieht, dass er sein Amt nicht gut ausübt oder dass er für sein Amt nicht geeignet ist.

Gerade Wirtschaftslobbyisten haben dabei wenig Skandalträchtiges in der Hand: Meldungen wie »Minister X setzt sich *nicht* für die Glücksspielbranche ein« oder »Abgeordnete Y hilft der Pharmabranche *nicht*« sind keine Schlagzeilen, vor denen ein Politiker zittern muss.

Der oft erweckte Eindruck, Lobbyisten könnten mit einer nicht näher beschriebenen, ganz besonderen »Macht« die Interessen kleiner einzelner Gruppen oder gar einzelner Unternehmen durchsetzen, ist also nicht sonderlich plausibel. Am Ende hat der Lobbyist nur die Macht, die wir alle in unserem Alltag auch einsetzen können: die Kunst, Menschen richtig zu behandeln.

In unserem Fall ging es darum, dass der Staat mehr Überwachungsrechte wollte. Sicherheitsbehörden dürfen heute schon in vielen Fällen Telefonate abhören und E-Mails mitlesen. In regelmäßigen Abständen versucht der Staat, seine Überwachungsrechte zu erweitern. Für die Bürger sind das große Eingriffe in ihre Freiheitsrechte.

Bei diesem Thema hatten wir tatsächlich mehrfach versucht, eine öffentliche Empörung hervorzurufen. Aber es stellte sich heraus, dass das Thema die Masse der Menschen gar nicht so sehr interessierte. Gingen gegen die Volkszählung in den 1980ern die Menschen noch auf die Straße, weil sie um ihre Privatsphäre fürchteten, so taugt der Datenschutz heute nicht mehr als großer Aufreger.

Natürlich ging es uns nicht nur um Bürgerrechte. Für die Unternehmen ging es vor allem auch um Geld. Denn der Staat erwartete, dass Telefon- und Internetunternehmen weitgehend auf eigene Kosten ihre Kunden in staatlichem Auftrag beschnüffelten. Wir waren der Meinung: Wenn der Staat schon schnüffeln will, dann soll er wenigstens selbst dafür bezahlen. »Wer bestellt, bezahlt auch«, war unser Standpunkt.

Aber es war zu spät. Der Bundestag hatte das Gesetz so beschlossen.

Nun gab es nur noch eine Chance: den Bundesrat.

Der Bundesrat kann fast jedes Gesetz stoppen: Ein »Zustimmungsgesetz« kann er dauerhaft verhindern, wenn er die Zustimmung verweigert. Ein »Einspruchsgesetz« kann er meist nur vorübergehend aufhalten, denn den Einspruch kann der Bundestag später wieder überstimmen. Welches

Gesetz in welche Kategorie fällt, regelt das Grundgesetz sehr genau. Zu den Zustimmungsgesetzen gehören zum Beispiel Gesetze über die Abwehr von Gefahren des internationalen Terrorismus und das Post- und Fernmeldewesen.

Darum ging es hier. Der Bundesrat war also das Zünglein an der Waage.

Der Bundesrat tagt immer freitags – es war Mittwochnachmittag.

Ich setzte einen Brandbrief auf. Ein Brandbrief ist ein letzter Appell, ein Hilferuf in letzter Minute, wenn alles andere versagt hat. Er ist knapp, aber eindringlich. Ich wies auf die Bürgerrechte hin, auf die Kosten und darauf, dass viele Fragen ungeklärt seien. Dass mehr Zeit nötig sei, um das Thema ordentlich zu regeln. Ich holte die Unterschriften einiger wichtiger Unternehmenslenker aus der Branche ein.

Dann gab ich den Brief an mein Sekretariat. Die Faxnummern der Ministerpräsidenten waren dort in einem Verteiler gespeichert. Ein Knopfdruck, und das Faxgerät ratterte los.

Es war 18 Uhr am Mittwochabend.

Am Freitag verfolgte ich gespannt die Informationen, die aus der Sitzung heraussickerten. Gegen Mittag war klar: Der Bundesrat hatte das Gesetz gestoppt. Für eine Zustimmung fehlte die Mehrheit.

Monatelang war alles ausführlich diskutiert worden, in Anhörungen und vielen Stellungnahmen mit vielen Seiten. Unzählige Argumente waren hin- und hergegangen. In meinem Brandbrief stand nichts, was nicht schon tausendfach vorher gesagt worden wäre. Inhaltlich war er belanglos.

Und doch riss er das Ruder herum. Entscheidend war nicht der Inhalt, sondern der Zeitpunkt.

▶▶◀◀

Im hektischen Alltag geht es um Aufmerksamkeit. Wann und wie wir mit einem Menschen sprechen, entscheidet darüber, wie präsent wir in seinem Kopf sind. Am Anfang des Buches haben wir schon festgestellt, dass sich Diskussionen schnell verselbstständigen und sowieso gar keiner mehr wahrnimmt, was der andere sagt.

Doch es gibt bestimmte Zeitpunkte, zu denen Sie besser wahrgenommen werden als zu anderen.

So nutzen Sie Ihre Energie richtig

Ein Zeitpunkt, zu dem Sie und Ihr Anliegen wahrgenommen werden, ist am Ende, wenn alle anderen geredet haben.

In der Psychologie nennen wir das den »Rezenz-Effekt«. »Recent« bedeutet »Neueste«. Der Rezenz-Effekt besagt: Zuletzt verarbeitete Informationen wirken besonders stark auf die Einstellung eines Menschen.

Das hat einen einfachen Grund: Nach ihnen kommen keine anderen Informationen mehr, die sie überlagern, infrage stellen oder gar überschreiben. Sie liegen ganz obenauf und sind leicht abrufbar.

Es ist also eine gute Idee, nicht pausenlos draufloszureden und sein Pulver zu verschießen. Sitzen Sie zum Beispiel in einer Teambesprechung im Büro, dann warten Sie am besten, bis alle anderen etwas gesagt haben. Widerstehen Sie dem Drang, auf alles sofort antworten zu müssen, überhaupt auf alles antworten zu müssen. Das meiste ist nach einer Minute ohnehin schon wieder vergessen und braucht gar nicht »beantwortet« zu werden.

Dann, am Ende, melden Sie sich zu Wort. Dieses Wort wird mehr Gewicht haben als alle anderen Worte, die bisher gefallen sind. All das Gerede zwischendurch nimmt überhaupt niemand richtig wahr.

Wenn Sie eine durchschnittliche Teambesprechung beobachten, dann sehen Sie, wie wenige Menschen sich an diese Regel halten. Die meisten denken, es schade ihnen, wenn sie nicht zu allem etwas sagen. Dabei ist es genau umgekehrt. Sie werden feststellen, dass die Leute, die es zu etwas gebracht haben, die wirklich etwas zu *sagen* haben, eher weniger reden, eher ruhig reden und eher am Ende reden. Das meint der Volksmund, wenn er doziert: »Der letzte Eindruck bleibt.«

Heißt das nun, dass wir immer bis zur letzten Minute schlafen können, weil vorher ohnehin nichts passiert? Immerhin kennt der Volksmund ja auch noch eine andere Wahrheit: »Der erste Eindruck zählt.« Wie steht es damit?

So schlagen Sie im richtigen Augenblick zu

 Nach den Wahlen herrschen in Berlin-Mitte jedes Mal Zustände, als zöge ein Großunternehmen um: Die Abgeordneten beziehen ihre kleinen Büros in den Gebäuden um den Reichstag, manche ihre alten, vie-

le ein neues. Auch Mitarbeiter brauchen die frisch gewählten Parlamentarier nun, und zwar schnell. Ein Bundestagsabgeordneter hat in der Regel zwischen einem und drei Mitarbeiter in Berlin – für die Büroarbeit, vor allem aber für die inhaltliche Arbeit.

Die »wissenschaftlichen Mitarbeiter« schreiben Gesetzentwürfe, Anträge, Positionen, Stellungnahmen, bereiten Gespräche vor. Wie in den Ministerien, so sind auch in den Abgeordnetenbüros die Menschen auf der Arbeitsebene die wichtigsten Ansprechpartner im Alltagsgeschäft. Die Mitarbeiter sind immer nur für eine Legislaturperiode eingestellt – schön ist diese Unsicherheit für sie nicht, vor allem für diejenigen, die davon eine Familie ernähren möchten. Und jeder Abgeordnete muss sich nach jeder Wahl entweder mit seinen alten Mitarbeitern aufs Neue einigen oder eben ganz neue Kräfte rekrutieren.

In all dem Trubel denkt noch niemand so richtig an die Themen, die kommen werden, und an die Entscheidungen, die zu treffen sein werden.

Außer den Lobbyisten.

Wir hatten damals nach der Wahl bereits sehr genaue Vorstellungen davon, was wir in den kommenden vier Jahren erreichen wollten. Und was wir verhindern wollten.

Mitten im Anfangstrubel luden wir die neuen Mitarbeiter der für uns wichtigen Abgeordneten zu einem kleinen Empfang ein. Natürlich brachten wir auch Themen mit. Wir erklärten, welche Fragen in den nächsten vier Jahren aktuell werden würden – und welche Position wir dazu vertraten. In diesem frühen Stadium hörten viele von vielen Themen bei diesem Treffen zum ersten Mal.

Dann gingen wir wieder auseinander.

In den Büros rund um den Bundestag richtete man sich derweil fleißig weiter ein. Es dauerte noch eine ganze Weile, bis das erste Thema tatsächlich aktuell wurde.

Dann aber klingelte mein Telefon.

Nicht nur blieb ich der erste Ansprechpartner zu den Themen, über die wir ganz am Anfang geredet hatten. Auch im weiteren Verlauf war den Mitarbeitern in den Abgeordnetenbüros keine andere Position so präsent wie unsere.

▶▶◀◀

Das Gegenteil des Rezenz-Effekts ist der »Primat-Effekt«. Er funktioniert genauso gut wie der Rezenz-Effekt.

»Primus« heißt »Erster«: Die ersten Informationen, die unser Gedächtnis zu einem Thema aufnimmt, bleiben auch später sehr präsent. Denn sie treffen auf noch unbestellten, fruchtbaren Boden: Es sind noch keine anderen, vielleicht gar widersprüchlichen Informationen vorhanden, die den Speicherplatz blockieren. Denn den abgespeicherten Informationen geht es wie uns Menschen auch: Was ihnen ähnlich ist, ist ihnen am liebsten. Unser Gehirn sieht alles äußerst kritisch, was später dazukommt und nicht mit der ersten Information übereinstimmt. Solche Informationen sind lästig, denn unser Gehirn möchte sie irgendwie in Einklang bringen mit dem, was schon da ist. Deshalb lehnt es das Neue, später Eintreffende im Zweifel ab.

Wenn Sie also von jemandem etwas wollen, dann können Sie die Zielperson gar nicht früh genug mit dem Thema und Ihrem Wunsch konfrontieren. Setzen Sie ein Thema selbst und warten Sie nicht, bis andere es auf die Agenda heben. Viele meinen, für einen Wunsch müsse »die richtige Zeit gekommen sein«, aber mit jeder Sekunde, die Sie warten, wird die Zeit weniger richtig. Jede Information, die in der Zwischenzeit auf das Gehirn Ihrer Zielperson einwirkt, kann *Ihr* Ziel gefährden.

Wenn Sie ganz gewieft sind, dann kombinieren Sie beide Effekte zur »Primat-Rezenz-Methode«. Profis machen das zum Beispiel im Bewerbungsgespräch so: Sie sehen zu, dass sie morgens gleich den allerersten Termin bekommen – für den ersten Eindruck. Sind alle Bewerbungsgespräche gelaufen, schicken sie noch einmal eine E-Mail, mit der sie sich bedanken – und setzen so auch zusätzlich noch den letzten Eindruck.

Diese Technik können Sie auch für alles andere nutzen: Für Personalgespräche, Gehaltsverhandlungen, Wohnungsbesichtigungen, Verkaufsgespräche, Pitchings.

Statt der E-Mail am Ende kann man seiner Zielperson auch einfach unter einem Vorwand noch einmal begegnen. Ich hatte Ihnen schon die Geschichte erzählt, wie ich mich gegen 70 Mitbewerber bei einer Wohnungsbesichtigung durchsetzte, indem ich die Ähnlichkeiten mit der Vermieterin konsequent ausspielte. Aber das war nur die halbe Wahrheit: Die Besichtigung fand von 9 bis 13 Uhr an einem Samstag statt. Ich war um 9 Uhr der Erste *und* kam kurz vor eins noch einmal, um die Vermieterin dann in besagtes Gespräch zu verwickeln.

Wenn Menschen ihre Ziele verfolgen, machen viele den Fehler, zu spät einzusteigen und zu früh auszusteigen. Und ihre Kraft im zeitlichen Mittelfeld zu verschwenden.

Der richtige Zeitpunkt bestimmt sich aber nicht nur nach der Uhr. Er hängt auch davon ab, in welcher Verfassung Ihre Zielperson gerade ist:

So nutzen Sie die Launen Ihrer Zielperson

Die Geschichte war tragisch: Ein Mitarbeiter eines für uns sehr wichtigen Abgeordneten hatte plötzlich erfahren, dass er sehr krank war. Und es bleiben würde. Er sagte es mir bei einem gemeinsamen Mittagessen. Die Krankheit würde sich in unterschiedlich starken Schüben entwickeln, mal werde es ihm gut gehen, mal werde er das Haus nicht verlassen können.

Es tat mir leid, denn ich mochte ihn gern. Er war sehr umgänglich und intelligent. Wir hatten uns öfter getroffen. Der Effekt der bloßen Darstellung hatte dafür gesorgt, dass wir uns gegenseitig sympathisch geworden waren und die reziproke Zuneigung hatte den Effekt weiter verstärkt.

Ich legte bei seinem Chef ein gutes Wort für ihn ein, als es darum ging, ihn in der neuen Legislaturperiode weiterzubeschäftigen. Er blieb.

Er hatte sich das eine oder andere Mal für unsere Interessen eingesetzt. Aber leider nicht oft genug.

Nun rechnete ich nicht mehr damit, dass er sich überhaupt noch besonders engagieren würde, schon gar nicht für fremde Belange. Als es ihm besonders schlecht ging, besuchte ich ihn einmal zu Hause, um ihm bei einer Tasse Kaffee etwas Gesellschaft zu leisten.

Nun geschah etwas Unerwartetes: Je schlechter es ihm ging, desto öfter fragte er, was er für *mich* tun könne. Und desto stärker setzte er sich für unsere Anliegen ein.

Da erinnerte ich mich wieder an einen Effekt, den ich durchaus kannte – aber in dieser Form nicht für möglich gehalten hätte.

▶▶◀◀

Wenn Sie eine Zielperson um etwas bitten wollen, haben Sie generell drei Möglichkeiten: Sie können Ihr Anliegen äußern, wenn es der Person besonders gut geht. Oder wenn es ihr besonders schlecht geht. Oder an einem ganz normalen Tag, wenn die Zielperson in einer ausgeglichenen Stimmung ist. Was ist am besten?

Wir alle wissen, dass Menschen hilfsbereiter sind, wenn es ihnen gerade selbst gut geht. Jeder hat schon am eigenen Leib erfahren: Gute Laune macht positiv und aufgeschlossen – und eben auch großzügiger.

Faszinierende Experimente zeigen, wie stark hier bereits winzige Einflüsse wirken. Ein amerikanisches stammt aus der Zeit, in der es noch viele öffentliche Münztelefone gab: Man deponiert dort ein 10-Cent-Stück im Rückgabefach und wartet, bis es jemand findet. Andere lässt man das Telefon benutzen, ohne dass sie dort überraschend 10 Cent finden. Kommen die Probanden wieder aus der Telefonzelle heraus, läuft ein schwer bepackter Lockvogel an ihnen vorbei, dem zufällig seine Aktentasche herunterfällt. Alles ist auf dem Boden verstreut. Nun beobachtet man, wer dem Lockvogel hilft und wer nicht. Das Ergebnis: Die Probanden, die gerade 10 Cent gefunden haben, helfen mehr als 20-mal so oft wie diejenigen, die gerade keine 10 Cent gefunden haben!

In einem anderen Experiment schenkt man manchen Studierenden an einer Universität überraschend einen Keks. Kurz darauf fragt sie ein Lockvogel, ob sie ihm bei einer schwierigen Hausarbeit helfen können. Sie ahnen es schon: Wer gerade einen Keks bekommen hat, sagt wesentlich häufiger »Ja« als jemand, der keinen Keks bekommen hat.

Solche winzigen »Stimmungsaufheller« genügen also, um Menschen in eine dramatisch stärkere Hilfsbereitschaft zu versetzen! Schon ein guter Geruch oder schöne Musik kann ausreichen, wie andere Experimente belegen.

Überlegen Sie also, ob Sie Ihre Zielperson nicht mit einer solch überraschenden Kleinigkeit schnell ein wenig hilfsbereiter machen können, bevor Sie sie um etwas bitten.

Aber was ist nun, wenn es Menschen besonders schlecht geht? Normalerweise schrecken wir dann davor zurück, sie mit unseren Bitten zu behelligen – wir denken, dafür hätten sie momentan ohnehin keinen Sinn. Doch das ist falsch.

Forschungsergebnisse zeigen eindeutig: Menschen sind auch dann besonders hilfsbereit, wenn es ihnen besonders schlecht geht!

Die Erklärung dafür ist bis heute nicht ganz klar. Manche Fälle lassen sich leicht nachvollziehen: Geht es jemandem zum Beispiel schlecht, weil er selbst wegen etwas ein schlechtes Gewissen hat, dann kann er sein schlechtes Gewissen bessern, indem er etwas Gutes tut, jemand anderem hilft. Ein Experiment zeigte: Menschen, die zur Beichte gehen, spenden vor der Beichte mehr als nach der Beichte – denn nach der Beichte haben sie ihre Buße bereits empfangen und ihr schlechtes Gewissen ist schon neutralisiert.

Dann gibt es die Mitleidsfälle: Jemand leidet selbst mit, weil jemand anderes leidet. Indem er der anderen Person hilft, hilft er also auch sich selbst.

Aber was ist mit den verbleibenden Fällen? Tatsächlich zeigen Versuche: Menschen werden ganz generell hilfsbereiter, wenn man sie in eine traurige Stimmung versetzt – völlig unabhängig vom Grund für ihre schlechte Laune. Die sogenannte »Negative-State-Relief«-Hypothese besagt daher: Geht es uns schlecht, suchen wir systematisch nach Möglichkeiten, um uns besser zu fühlen. Eine davon kann sein, anderen Menschen zu helfen.

Die Wissenschaft streitet sich seit Langem darüber, ob Menschen überhaupt aus anderen Gründen helfen als rein egoistischen. Manche Wissenschaftler meinen, das sei möglich, wenn man wirklich eine tiefe Empathie für jemanden empfindet. Aber solche Fälle sind selten.

Schrecken Sie also nicht davor zurück, Ihre Zielperson um etwas zu bitten, wenn es ihr gerade schlecht geht. Es ist dann nicht nur wahrscheinlicher, dass *Sie* bekommen, was Sie wollen – Sie bieten der Zielperson auch eine Möglichkeit, ihre eigene Stimmung aufzuhellen.

Ist Ihre Zielperson ausgeglichen, stehen Ihre Chancen übrigens mit Abstand am schlechtesten. An einem solchen Tag werden Sie vermutlich nicht bekommen, was Sie wollen. Fragen Sie also in guten *oder* schlechten Zeiten – aber niemals an einem ganz normalen Tag.

So kontrollieren Sie Ihre »Strahlen«

 »Ich finde das sehr wichtig, was Herr Dr. Kitz vorhin gesagt hat. Daran würde ich gerne noch einmal anknüpfen ...«, sagte der Referatsleiter durch sein Mikrofon.

Es lief gut. Sehr gut sogar. Ich kam nicht nur sofort zu Wort, wenn ich mich meldete – »Herr Dr. Kitz bitte ...«, sondern der Herr im grauen Anzug hörte mir auch besonders aufmerksam zu, nickte und griff meine Aussagen immer wieder auf. Was die anderen sagten, ließ er oft ohne besondere Reaktion im Raum verhallen.

Ein Bundesministerium hatte zu einem »Fachgespräch« eingeladen – eine Variation einer Anhörung. Es ging um ein Gesetzesvorhaben, und das Ministerium wollte vorher mit den Betroffenen darüber sprechen. Auch unsere Branche war betroffen.

Der Primat-Effekt machte dieses »Fachgespräch« wichtig – es ging nämlich zum ersten Mal um dieses Thema. Allerdings waren etwa 20 Lobbyisten im Raum, mit denen ich um die Aufmerksamkeit für den ersten Eindruck konkurrierte.

Also hatte ich schon vor einer Weile damit angefangen, einen zusätzlichen Effekt auszunutzen.

Ich hatte vorab erfahren, dass der Referatsleiter ein großer Freund der USA war, speziell von New York. Er hielt das Bildungssystem dort für professioneller und fand, dass jeder einmal längere Zeit dort gelebt oder noch besser einen Teil seiner Ausbildung dort absolviert haben sollte. Auf dieses Thema waren wir beim Small Talk während eines Empfangs gekommen.

Ich erzählte ihm damals von meinem Jurastudium an der New York University.

Von da an war ich für ihn aus der Masse der Lobbyisten für immer hervorgetreten. Alles, was ich tat und sagte, hatte von nun an für ihn ein völlig neues, zusätzliches Gewicht. Meine Ideen fand er gut, meine Einwände substanziell.

▶▶◀◀

»Halo« ist ein griechisches Wort und bedeutet »strahlen« – denken Sie nur an die Halogenlampe. Der »Halo-Effekt« beschreibt folgendes Phänomen: Eine bestimmte Eigenschaft einer Person überstrahlt alle anderen Eigenschaften derart, dass sie das Gesamtbild völlig verzerrt. Wir schließen aus einer einzigen bekannten Eigenschaft auf viele andere unbekannte Eigenschaften einer Person.

Diese Eigenschaft kann positiv oder negativ sein – entscheidend ist, dass sie dem Gegenüber besonders wichtig ist.

Strahlen Sie Ihrer Zielperson mit einer Eigenschaft entgegen, die der Zielperson wichtig ist *und* die sie positiv findet, dann schließt sie als Belohnung gleich noch auf so ziemlich alle anderen positiven Eigenschaften bei Ihnen. Strahlen Sie hingegen mit einer Eigenschaft, die Ihrer Zielperson wichtig ist *und* die sie negativ findet, dann sieht sie auch sonst eher negative Eigenschaften in Ihnen.

Der Halo-Effekt ist oft in Experimenten nachgewiesen worden. Die US-Psychologen Thorndike und Allport fanden bereits während des Ersten Weltkriegs heraus: Wenn Soldaten attraktiv waren und aufrecht gingen, dann waren die Offiziere davon überzeugt, dass diese Untergebenen noch alle möglichen anderen Eigenschaften hatten: dass sie gut schießen konnten, intelligent waren, ihre Schuhe besser putzten – und sogar, dass sie Mundharmonika spielen konnten.

Einen Anwendungsfall des Halo-Effekts haben wir bereits in Kapitel 3 kennengelernt: das Aussehen. Oft überstrahlt ein attraktives Äußeres alles. Aber mit den Erkenntnissen zum Halo-Effekt können Sie diese Wirkung auch hervorrufen, wenn Sie nicht ins Beuteschema Ihrer Zielperson passen.

Denn der Halo-Effekt funktioniert mit allen möglichen Eigenschaften! Entscheidend ist, was Ihrer Zielperson wichtig ist. Oft unterschätzen wir diesen Effekt, weil wir von unserer eigenen Sicht ausgehen. Der Egozentrismus wieder!

Viele Chefs zum Beispiel finden, Pünktlichkeit sei eine der wichtigsten Eigenschaften überhaupt. Viele Mitarbeiter hingegen finden es nicht so tragisch, wenn sie morgens statt um 9 Uhr erst um drei nach neun zur Arbeit kommen. Aber schon wirkt der Halo-Effekt: Ist Ihr Chef Pünktlichkeitsfanatiker, wird er sie allein deswegen für inkompetent und faul halten. Wegen drei Minuten.

Ich selbst habe den Halo-Effekt schon während meiner Schulzeit eindrucksvoll kennengelernt: Ein Lateinlehrer ließ sich ungemein von Menschen mit gutem Gedächtnis beeindrucken. Ich erinnerte mich einmal zufällig an etwas, das er vor einigen Monaten gesagt hatte. Von da an kam ich beim täglichen Vokabeltest nicht mehr dran – und hatte trotzdem immer eine Eins. Beim Elternsprechtag schwärmte der Lehrer davon, was für ein gutes Gedächtnis ich hätte – und wie gut ich Latein könne. Ein klassischer Fall von Halo-Effekt.

Vom Halo-Effekt profitieren übrigens auch gemeinnützige Organisationen. Wer sich auf die Fahnen schreibt, er setze sich für »die Menschenrechte« oder »die Umwelt« ein, bei dem kontrolliert die Öffentlichkeit viel weniger kritisch, was genau er eigentlich wirklich tut. Was hingegen von »der Wirtschaft« kommt, können wir oft gar nicht skeptisch genug sehen.

Finden Sie also heraus, was Ihrer Zielperson wichtig ist – im Guten wie im Schlechten. Nehmen Sie jede kleine Vorliebe ernst, auch wenn Sie Ihnen *selbst* unbedeutend erscheinen mag. Pflegen und präsentieren Sie die Eigenschaften, die Ihre Zielperson wichtig und positiv findet. Und staunen Sie, welches neue Gewicht Sie plötzlich in den Augen Ihrer Zielperson bekommen.

Fakten und Effekte

Äußere Wahrnehmung von Lobbymacht

Leif, T.; Speth, R. (Hg.) (2006): *Die fünfte Gewalt. Lobbyismus in Deutschland.* Wiesbaden: VS Verlag für Sozialwissenschaften

Trauthig, J. (2012): Schlange stehen als Job. Warten wir es ab. *Karriere SPIEGEL,* 21.09.2012

Rezenz-Effekt

Davelaar, E. K.; Goshen-Gottstein, Y.; Ashkenazi, A.; Haarmann, H. J.; Usher, M. (2005): The Demise of Short-Term Memory Revisited: Empirical and Computational Investigations of Recency Effects. *Psychological Review*, 112, 3–42

Baddeley, A. D.; Hitch, G. (1993): The Recency Effect: Implicit Learning with Explicit Retrieval? *Memory & Cognition*, 21, 146–155

Primat-Effekt

Gupta, P.; Lipinski, J.; Abbs, B.; Lin, P. (2005): Serial Position Effects in Nonword Repetition. *Journal of Memory and Language*, 53, 143f.

Anderson, N. H.; Barrios, A. A. (1961): Primacy Effects in Personality Impression Formation. The *Journal of Abnormal and Social Psychology*, 63, 346–350

Psychologie des Helfens/Negative-State-Relief-Hypothese

Isen, A. M.; Levin, P. F. (1972): Effect of Feeling Good on Helping: Cookies and Kindness. *Journal of Personality and Social Psychology*, 21, 384–388

Batson, C. D.; Batson, J. G.; Grittitt, C. A.; Barrientos, S.; Brandt, J. R.; Sprengelmeyer, P.; Bayly, M. J. (1989): Ne-

gative-State Relief and the Empathy-Altruism Hypothesis. *Journal of Personality and Social Psychology*, 56, 922–933
McMillen, D. L.; Sanders, D. Y.; Solomon, G. S. (1977): Self-Esteem, Attentiveness, and Helping Behavior. *Personality and Social Psychology Bulletin*, 3, 257–261
Carlson, M.; Miller, N. (1987): Explanation of the Relation Between Negative Mood and Helping. *Psychological Bulletin*, 102, 91–108

Halo-Effekt

Thorndike, E. L. (1920): A Constant Error on Psychological Rating. *Journal of Applied Psychology*, 4, 25–29
Moore, F. R.; Filippou, D., Perrett, D. (2011): Intelligence and Attractiveness in the Face: Beyond the Attractiveness Halo Effect. *Journal of Evolutionary Psychology* 9 (3), 205–217
Rosenzweig, P. (2008): *Der Halo-Effekt: Wie Manager sich täuschen lassen*. Offenbach: Gabal

9. Steuern Sie, statt zu verhandeln

»Was würde es denn kosten?«, fragte die Europaabgeordnete am anderen Ende der Leitung ängstlich.

Darum geht es in der Politik letztlich immer – wie im sonstigen Leben auch, wenn wir es einmal nüchtern betrachten. Bei jeder politischen Idee stellt sich früher oder später die Frage, wen sie wie viel Geld kostet – und wo dieses Geld herkommen soll. Diese Frage klärt jeder Gesetzesvorschlag schon ganz am Anfang, indem er die finanziellen Folgen genau aufschlüsselt: »Haushaltsausgaben«, »Erfüllungsaufwand für Bürgerinnen und Bürger«, »Erfüllungsaufwand für die Wirtschaft«, »Erfüllungsaufwand der Verwaltung« und »weitere Kosten«.

Weil Geld am Ende fast alle menschlichen Bedürfnisse befriedigen kann, hat die Geldfrage automatisch immer für alle Beteiligten eine maximale Bedeutung. Man muss der jeweiligen Zielperson nur deutlich machen, wie sich die Geldfrage auf sie ganz konkret auswirkt.

Möchte sich ein Wirtschaftszweig also gegen eine gesetzliche Regulierung wenden, dann listet er zuerst die horrenden Kosten auf, die für die Unternehmen mit dieser Regulierung verbunden wären. Möchte er eine Gesetzesinitiative anregen, rechnet er vor, was es kostet, wenn die Politik *nicht* handelt.

Die weiteren Schritte sind dann immer gleich: Die Unternehmen weisen darauf hin, dass diese Kosten so untragbar hoch sein werden, dass sie Mitarbeiter entlassen oder ins Ausland abwandern müssten. Oder gleich ganz von der Bildfläche verschwinden würden – und wie sich das auf die Politiker auswirkt, die für die neuen Arbeitslosen verantwortlich sind.

Oder man rechnet vor, wie man die Mehrkosten in Preiserhöhungen umlegen muss – und wie gerne Menschen solche Politiker wiederwählen, die ihnen das Leben weiter verteuern.

Als die Pläne zur Vorratsdatenspeicherung aufkamen, fragten dann auch prompt die Politiker von allen Seiten an, was diese Pläne die Unternehmen denn kosten würden. So wie die Europaabgeordnete jetzt am Telefon.

Nun war zu diesem Zeitpunkt noch unklar, welche Daten überhaupt gespeichert werden sollten und für wie lange. Sollte es nur um Daten von Telefonanrufen gehen? Oder auch darum, wer wem wann eine E-Mail geschickt hat? Oder sollten Internetprovider gar, wie manche zu diesem Zeitpunkt überlegten, speichern müssen, wer wann welche Internetseite aufruft?

Die Politiker waren sich selbst noch nicht ansatzweise einig darüber, was sie eigentlich wollten – aber sie wollten von uns schon einmal dringend wissen, was »das« kosten würde.

Nun hätte man eine Zahlenmatrix entwerfen können, aus der sich für jede mögliche Gestaltung schnell die Kosten hätten ablesen lassen. So hätte es die Politik am liebsten, und sie geht oft davon aus, dass sich eine solche Matrix im Handumdrehen erstellen lässt – und sich am nächsten Tag, wenn sich die Politiker alles anders überlegt haben, auch wieder im Handumdrehen einfach neu berechnen lässt. In der Realität aber geht es um Modellrechnungen, die – wenn sie seriös sein sollen – ganze Abteilungen von Technikern, Juristinnen und Controllern für jeweils einige Wochen beschäftigen würden. Das kann kein Unternehmen leisten, und es ist auch nicht die Aufgabe der Unternehmen, auf eigene Kosten die Rechenarbeiten für die Politik zu erledigen.

Zum anderen aber würde sich niemand eine solche Matrix überhaupt näher anschauen. Jeder würde sich nur eine Zahl herausgreifen – und zwar die höchste oder die niedrigste, je nachdem, welche den eigenen Standpunkt besser untermauert. Jede Differenzierung dazwischen wäre nicht nur aufwendig – der Aufwand wäre auch vergebliche Liebesmühe.

Aus diesen Gründen geht jede Interessengruppe von vornherein nur mit einer Zahl ins Rennen.

Wie entsteht diese Zahl? Der Branchenverband fragt seine Unternehmen. Die rechnen, teilen ihre Ergebnisse dem Verband mit. Der rechnet selbst noch einmal, anonymisiert die Daten, bildet eine Summe oder einen Mittelwert – und präsentiert am Ende die Branchenzahl.

Alle bemühen sich dabei, seriös zu sein, denn wer Mondzahlen liefert, macht sich lächerlich. Aber es geht um Prognosen, und da sind die Einschätzungsspielräume oft groß. Und natürlich füllt jeder diese Spielräume so aus, wie es für ihn am besten ist.

Da wir das Vorhaben verhindern wollten, half uns hier eine möglichst hohe Zahl, also eine möglichst hohe Kostenschätzung. Wir schätzten also so realistisch wie möglich – gingen in Zweifelsfällen aber eher von höheren als von niedrigeren Werten aus. Da in diesem Stadium viele Speicherpflichten diskutiert wurden, bezogen wir auch viele Pflichten in unsere Schätzung ein. Besonders die Vorstellung, Internetprovider müssten speichern, wer wann welche Website aufruft, ließ die Zahl in die Höhe schnellen. Eine solche Verpflichtung hätte tatsächlich einige Unternehmen in den Ruin gestürzt.

Am Ende der Schätzung – und am Anfang der Diskussion – stand also eine hohe Zahl.

Wir waren die Ersten, die überhaupt eine Zahl ins Spiel gebracht hatten. Und diese Zahl hielt sich für die nächsten

Jahre in der Diskussion. Wann immer es um eine Kostenschätzung ging, wurde unsere Zahl zitiert, und andere Schätzungen orientierten sich an unserer Zahl.

Im Lauf der Zeit änderte sich die Diskussion. Unsere Arbeit war erfolgreich: Die geplanten Speicherpflichten verringerten sich; insbesondere war die Speicherung aufgerufener Internetseiten irgendwann vom Tisch.

Damit musste sich seriöserweise auch die Kostenschätzung dramatisch nach unten ändern. Wir korrigierten unsere eigene Zahl, aber das wollte niemand mehr hören.

Unsere allererste Schätzung war nicht mehr aus den Köpfen zu bekommen, noch nicht einmal wir selbst konnten sie zurückholen. Sie blieb der Referenzwert für alle, die über Kosten sprachen.

▶▶◀◀

In meinen »Du machst, was ich will«-Veranstaltungen führe ich mit dem Publikum immer folgendes Live-Experiment durch: Ich frage zuerst: »Wie viele Tage hat eine Woche?« Die meisten wissen es und antworten: »Sieben.« Auf der Leinwand vorne erscheint eine große »7«. Dann frage ich: »Wie viele afrikanische Nationen sind in der UNO?« Und bitte die Leute, mir ihren ersten Impuls zuzurufen. Es folgen Antworten wie »zwei«, »acht«, »zehn«, »null«.

Später frage ich: »Wie viele Tage hat ein Jahr?« Vorne auf der Leinwand steht groß die Zahl »365«. Dann bitte ich das Publikum, spontan zu schätzen, wie viele *asiatische* Nationen in der UNO sind. Die ersten Schätzungen lauten: »60«, »80«, »50«.

In der UNO gibt es eine afrikanische Gruppe und eine asiatische. Beide haben exakt gleich viele Mitglieder, nämlich 53.

Warum schätzt das Publikum einmal viel zu niedrig und einmal viel zu hoch? Das liegt natürlich an den jeweils unterschiedlichen Zahlen, die vorne auf der Leinwand stehen, nämlich einmal »7« und einmal »365«. Kaum jemand weiß auswendig, wie viele afrikanische oder asiatische Nationen in der UNO sind. Und was macht unser Gehirn in solch unklaren Situationen?

Wie wir bereits festgestellt haben, ist es faul. Es krallt sich also das Naheliegende, irgendeine Zahl, die wir zuletzt gehört oder gesehen haben. Steht also eine »7« vorne, schätzen die Leute niedrig, steht eine »365« da, dann schätzen sie hoch. Unser Gehirn nimmt einfach eine Zahl, irgendwo im Raum, als Anker.

So nutzen Sie Ihre Glücks(rad)zahlen

Bekannt ist der Effekt daher auch als »Anker-Effekt«. Er ist mehrfach experimentell belegt, unter anderem tatsächlich durch die Frage nach den unterschiedlichen UNO-Mitgliedern. Im Originalversuch steht hinter den Probanden ein Glücksrad und ihre Antworten orientieren sich an den dort zufällig angezeigten Zahlen.

Es kommt noch schlimmer: Der Anker-Effekt wirkt nicht nur bei Laien, sondern auch bei Profis. Selbst Immobilienmakler können in wissenschaftlichen Versuchen keine

Immobilienpreise mehr richtig schätzen, wenn man sie mit Ankern irreführt.

In einem anderen Experiment geben Gäste in einem Restaurant wesentlich mehr Geld aus, wenn das Restaurant »Studio 97« heißt, als wenn es »Studio 17« hieße. Und sicherlich haben Sie den Effekt selbst auch schon einmal in einem Restaurant erlebt: Bei den Vorspeisen sind Sie noch über die unverschämten Preis schockiert, aber wenn Sie zu den Hauptgerichten kommen, ist der Anker schon gesetzt, und Sie finden es plötzlich gar nicht mehr so ungewöhnlich, dass keine unter 40 Euro kostet.

Nicht nur in der Politik, sondern auch im sonstigen Leben geht es oft um Zahlen – um Geld, denn Geld ist nun einmal ein universelles Mittel, mit dem sich ganz unterschiedliche Bedürfnisse befriedigen lassen. Und wenn es einmal nicht um Geld geht, dann spielen trotzdem oft andere Zahlen eine Rolle.

In all diesen Fällen gilt: Wer die erste Zahl nennt, legt den Grundstein für jede weitere Verhandlung. Wer die erste Zahl ins Spiel bringt, der führt.

Denken Sie nur einmal an ein durchschnittliches Vorstellungsgespräch. Was ist das meist für ein Theater, wenn es ums Gehalt geht! Niemand traut sich, mit der ersten Zahl herauszurücken.

Das ist fatal, wenn man den Anker-Effekt kennt. Sie sollten sich als Mitarbeiterin nicht lange bitten lassen, Ihre Gehaltsvorstellung zu nennen. Sagen Sie eine möglichst hohe Zahl und rammen Sie damit Ihren Anker fest in den Boden. Sind Sie der Vorgesetzte, dann eröffnen Sie mit einer möglichst niedrigen Zahl.

Das gilt für alle anderen Arten von Verhandlungen auch: Kundengespräche, Flohmarkt, Schmerzensgeld vor Gericht, selbst für Taschengeldverhandlungen zu Hause.

Dabei zeigen Experimente, dass der Anker auch die Größenordnung der Verhandlungsschritte bestimmt: Lautet der erste Anker zum Beispiel »10.000 Euro«, dann wird Ihre Zielperson eher in Tausenderschritten verhandeln, also mit »9.000 Euro« kontern. Setzen Sie den Anker aber auf »10.400 Euro«, wird Ihre Zielperson sich eher in Hunderterschritten bewegen und vielleicht »10.200 Euro« erwidern. Je präziser Sie den Anker also setzen, desto weniger weit wird sich der weitere Verhandlungsverlauf von diesem Anker wegbewegen.

Und passen Sie selbst auf, dass Sie dem Anker-Effekt nicht zum Opfer fallen: »Ich zeige Ihnen erst einmal kurz was ganz anderes, nur zum Vergleich«, ist ein beliebter Verkäufertrick. Dann bekommen Sie ein sehr teures Produkt gezeigt, das Sie gar nicht kaufen wollten, »nur zum Vergleich« eben. Und schon ist der Anker in Ihrem Kopf gesetzt – und Sie werden am Ende mehr Geld ausgeben, als Sie ursprünglich wollten.

Verwandt mit dem »Anker-Effekt« ist die hochwirksame Technik des »Priming«. Unser Gehirn arbeitet mit sogenannten Schemata, um unser Leben zu organisieren. So ein Schema kann zum Beispiel »Apfel« heißen und in unserem Kopf auftauchen, sobald wir einen Apfel sehen. Dann rufen wir unser Wissen darüber ab, wie man einen Apfel isst. Das ist ja nicht selbstverständlich – wenn wir eine unbekannte exotische Frucht vor uns haben, gibt es dazu zum Beispiel kein Schema in unserem Kopf und wir wissen dann eben *nicht*, wie wir mit der Frucht umgehen sollen.

Ein Schema kann zum Beispiel auch »aufgeschlossen und großzügig« oder »negativ und verschlossen« sein. Ob Ihre Zielperson also Ihnen und Ihrem Anliegen gegenüber gerade positiv und aufgeschlossen gestimmt ist, hängt unter anderem davon ab, welches Schema gerade in ihrem Kopf aktiv ist.

Und hier können Sie nachhelfen: Die Aktivierung eines Schemas ist als »Priming« bekannt. Priming ist der Prozess, der ein Schema leichter zugänglich macht.

Ein klassisches Experiment dazu stammt bereits aus den 1970ern: Probanden sollten sich bestimmte Worte für einen Merktest einprägen – so sagte man ihnen. Bei der einen Gruppe waren das Worte wie »unternehmungslustig, selbstbewusst«, bei der anderen Worte wie »eingebildet, unnahbar«. Dann legte man Probanden die Beschreibung einer Person namens »Donald« vor. Diese Beschreibung enthielt vage Aussagen wie zum Beispiel: »Jemand klopfte, aber Donald ließ ihn nicht herein.« Hinterher fragte man die Probanden, wie sympathisch sie Donald fanden. Die Gruppe, der man zuvor positive Begriffe gezeigt hatte, fand Donald dann tatsächlich sympathischer als die Gruppe, die kurz zuvor eher negative Begriffe las. Obwohl beide dieselbe Beschreibung Donalds gelesen hatten.

Andere Studien haben gezeigt: Probanden verhalten sich bei einem Spiel tatsächlich kooperativer, wenn sie vorher mit Worten wie »rücksichtsvoll« oder »fair« geprimt wurden. Wer mit Wörtern wie »alt«, »einsam«, »grau«, »vergesslich« geprimt wird, bewegt sich hinterher langsamer.

Wie jubeln Sie nun Ihrer Zielperson die Begriffe unter, mit denen Sie sie primen wollen? Seien Sie einfallsreich!

Möchten Sie zum Beispiel, dass Ihre Zielperson Ihnen gegenüber positiv gesinnt ist, dann beginnen Sie die Unterhaltung mit ein wenig Small Talk. Schwärmen Sie wie zufällig von einer ganz anderen Person und primen Sie Ihre Zielperson auf diese Weise mit möglichst vielen positiven Begriffen wie zum Beispiel »intelligent«, »fair«, »freundlich«, »kompetent«, »entgegenkommend«.

Oder Sie haben einen erfundenen Briefentwurf dabei, in dem die entscheidenden Worte vorkommen. Sie bitten nun Ihre Zielperson, den Entwurf schnell für Sie Korrektur zu lesen. Oder Sie erzählen einen Witz, in dem die Begriffe vorkommen, die das Schema aktivieren sollen. Oder Sie täuschen ein Handytelefonat vor, in dem die Begriffe fallen ...

So nutzen Sie Gruppeneffekte

Ein Wissenschaftler war an mich herangetreten und schlug eine Studie vor: Wie gehen Jugendliche mit ihrem Geld um und welche Risiken bergen dabei Handys und andere Kommunikationsmittel? Immer wieder hatten Jugend- und Verbraucherschutzorganisationen den Vorwurf erhoben, Jugendliche gäben unverantwortlich viel Geld für moderne Kommunikationsmittel aus, würden sich gar »verschulden«. Den Unternehmen wurde oft »Abzocke« unterstellt.

Eine solche Studie war riskant: Was, wenn herauskäme, dass Jugendliche ihre Handyausgaben tatsächlich nicht im Griff hätten? Andererseits gab es natürlich die Chance, sich wissenschaftlich bescheinigen zu lassen, dass solche Vorwürfe unseriöse Panikmache sind. So oder so konnten wir uns öffentlichen Respekt dadurch verdienen, dass wir das Thema an sich überhaupt einmal selbstkritisch untersuchen ließen.

Ich war der Ansicht, dass die Chancen überwogen. Ich wollte die Studie gerne durchführen.

Davon musste ich nun noch unsere Mitgliedsunternehmen überzeugen, wenigstens einige. Denn jemand musste die Studie finanzieren.

Ein Wirtschaftslobbyist leistet nicht nur Überzeugungsarbeit nach außen. Er vermittelt zwischen der Politik und der Unternehmensleitung – und zwar in beide Richtungen. Oft genug kommuniziert er von außen nach innen, überzeugt das oder die Unternehmen davon, dass ein bestimmtes Verhalten aus politischen Gründen momentan geschickt oder sehr ungeschickt wäre.

Intern konkurriert er mit vielen anderen Stimmen: Verkauf, Entwicklung, Rechtsabteilung, Controlling, Öffentlichkeitsarbeit – alle sprechen sie mit. Sich hier durchzusetzen ist manchmal schwerer, als eine Entscheidung durch ein externes Parlament zu bekommen. Und doch gelten drinnen wie draußen die gleichen Regeln.

Ich fragte zunächst über den E-Mail-Verteiler die allgemeine Stimmung unter den Unternehmen ab. Die Antworten waren zurückhaltend und vage. So würde ich das Geld für die Studie nicht zusammenbekommen.

Im nächsten Schritt sprach ich daher einige Unternehmensvertreter konkret an und stellte fest: Sie waren grundsätzlich nicht abgeneigt, keiner von ihnen konnte sich aber einzeln dazu durchringen, »Ja« zu sagen und Geld bereitzustellen.

Da griff ich zu einem Trick: Ich bildete eine »Lenkungsgruppe«, in der ich alle grundsätzlich Interessierten zusammenrief. Darunter mischte ich auch zwei Vertreter, die zwar eher ablehnend eingestellt waren, von denen ich aber wusste, dass sie über ein ausreichendes Budget verfügten. Ich ließ die Gruppe eine ganze Zeit lang über die Frage diskutieren.

Am Ende gab es ein klares, einstimmiges »Ja«. Gegenüber dem ersten Vorschlag erweiterte die Gruppe sogar den Forschungsauftrag. Und das Budget.

▶▶◀◀

Wenn wir etwas von anderen wollen, haben wir oft die Wahl unter mehreren Ansprechpartnern. An wen wenden Sie sich am besten? An eine abstrakte Gruppe? An konkrete Einzelpersonen? Oder an konkrete Personen in einer Gruppe?

Die psychologische Forschung hält dafür klare Antworten parat.

Aussichtslos ist es, sich an eine abstrakte Gruppe zu wenden. Wollen Sie zum Beispiel in Ihrer Baugruppe etwas durchsetzen oder in Ihrem Sportverein, in Ihrer Abteilung im Unternehmen, beim Elternabend in der Schule Ihres Kindes oder bei den Nachbarn in Ihrem Mietshaus, dann können Sie noch so eine flammende Rede »vor versammelter Mannschaft« halten und alle zu etwas »aufrufen« – es wird sich meist nicht viel bewegen.

Dieses Phänomen ist als »Verantwortungsdiffusion« bekannt: In einer Gruppe fühlt sich niemand verantwortlich, tätig zu werden. Denn jeder denkt, es sind erst einmal die anderen angesprochen. Das führt zum Beispiel bei Notfällen in der Öffentlichkeit immer wieder zu dem tragischen Umstand, dass viele Menschen zuschauen, aber niemand hilft.

Die Verantwortungsdiffusion können Sie austricksen, indem Sie ganz konkrete Personen ansprechen. Herumgesprochen hat sich inzwischen, dass man nicht einfach »Hilfe!« rufen sollte, wenn man in der Öffentlichkeit Hilfe braucht. Besser funktioniert: »Sie in dem braunen Mantel, rufen Sie bitte die Polizei!«

Aber auch in weniger dramatischen Situationen hilft ein ähnliches Vorgehen: Wollen Sie zum Beispiel bei Ihren Nachbarn im Mietshaus ein bestimmtes Verhalten erreichen, werden Sie mit einem Aushang »Bitte Tor schließen« keine großen Verhaltensänderungen herbeiführen. Erfolgversprechender ist auch hier die persönliche Ansprache: »Herr Winter, ich bitte Sie, das Hoftor sorgfältig zu schließen, wenn Sie abends nach Hause kommen.«

Aber Gruppen haben nicht nur ungünstige Eigenschaften wie die Verantwortungsdiffusion. Sie können die Kraft der Gruppe auch nutzen, um Menschen zu Entscheidungen und Handlungen zu bewegen, die sie alleine nicht ausgeführt hätten. Das funktioniert auf unterschiedliche Weise bei unterschiedlichen Konstellationen:

Erstens können Sie »Gruppenpolarisierung« betreiben. Menschen treffen in einer Gruppe extremere Entscheidungen als alleine. In meinem Beispiel von oben waren fast alle der Studie gegenüber grundsätzlich aufgeschlossen, keiner aber wollte fest zusagen. In der Gruppe bestand plötzlich kein Zweifel mehr daran, dass alle die Studie wollten.

In Experimenten testet man diesen Effekt, indem man Menschen einzeln zu einer riskanten Entscheidung befragt, zum Beispiel: Wie hoch muss die Wahrscheinlichkeit sein, dass eine Aktie steigt, damit Sie sie kaufen? Dieselbe Frage stellt man den Probanden dann noch einmal als Gruppe. Das Ergebnis: In der Gruppe sind plötzlich alle viel risikofreudiger.

Deshalb wurde der Effekt auch zuerst als sogenannter Risikoschub bekannt. Weitere Experimente zeigten aber: Eher konservative Menschen werden in der Gruppe noch konservativer. Die Gruppe verstärkt also generell eine Haltung, die vorher schon schwach vorhanden war. Denn zum einen versorgen sich Gruppenmitglieder noch mit zusätzlichen Argumenten und bestärken sich so gegenseitig in ihrer Haltung. Zum anderen tritt der interessante Effekt auf, dass die Gruppenmitglieder sich in ihrer Radikalität übertreffen wollen. Es entsteht plötzlich ein Wettbewerb darüber, wer am risikofreudigsten beziehungsweise am vorsichtigsten ist.

Sie können daher auch umgekehrt eine Entscheidung oder Veränderung verhindern, indem Sie grundsätzlich konservative Menschen, die allerdings etwas »wackelig« sind, in eine Gruppe stecken und dort ihrer konservativen Haltung wieder auf die Sprünge helfen.

Zweitens können Sie aber auch Zielpersonen, die bisher anderer Meinung waren, in der Gruppe »umdrehen«. Entscheidend ist, dass die Mehrheit in der Gruppe bereits auf

Ihrer Seite steht. Dann greifen zwei hochinteressante Effekte ineinander:

Zum einen sorgt der »informationale Einfluss« dafür, dass sich Abweichler plötzlich nicht mehr sicher sind, ob sie von den richtigen Tatsachen ausgehen. Wenn wir nicht völlig sicher sind, wie wir eine Situation einzuschätzen haben, dann orientieren wir uns an den Menschen um uns herum.

In der berühmten »Rauchstudie« setzt man zum Beispiel Probanden in ein Zimmer, in dem sie auf einen Termin warten sollen. Manche warten alleine, andere mit Lockvögeln. Plötzlich lässt man weißen Rauch aus einer Öffnung strömen. Wer alleine wartet, verlässt das Zimmer schnell und meldet den Rauch. Sitzen jedoch Lockvögel mit im Zimmer, die ruhig bleiben, dann bleiben die Probanden auch ruhig. Sie beziehen ihre Informationen von den Menschen um sich herum, die in diesem Fall eben Lockvögel sind: Wenn die ruhig bleiben, dann kann es ja nichts Schlimmes sein.

Die meisten Menschen sind sich ihrer Ansichten nicht annähernd so sicher, wie es nach außen scheint. Sagen ihnen in einer Gruppe mehrere Leute, dass ihre Informationen falsch sind, kippen sie meist schneller um, als Sie sich das vielleicht vorstellen.

Zum anderen ändert selbst jemand, der von seinen Informationen überzeugt ist, trotzdem in der Gruppe schnell seine Meinung. Das liegt am »normativen Einfluss«.

In einem Experiment hierzu zeigt man Probanden zwei Linien, von denen eine ganz klar länger als die andere ist. Man fragt die Probanden, welche Linie die längere ist. Sind die Probanden allein, dann geben sie auch alle die richtige

Antwort. Steckt man sie aber in eine Gruppe, in der am Anfang zwei Lockvögel eine falsche Antwort vorgeben, dann antwortet ein Großteil der Probanden plötzlich auch falsch. Obwohl für jeden klar erkennbar ist, dass diese Lösung falsch sein muss.

Ein unglaubliches Ergebnis, für das es aber eine recht einfache Erklärung gibt: Wir fürchten Liebesentzug, wenn wir uns gegen andere auflehnen. Denken Sie an das Ähnlichkeitsprinzip – die anderen mögen uns, wenn wir ähnliche Ansichten haben. Wir *wollen* gemocht werden, deshalb passen wir lieber unsere Antwort an, als Gefahr zu laufen, dass die anderen uns verstoßen. Selbst wenn wir die Menschen um uns herum nicht kennen und nie wiedersehen werden, wollen wir doch von ihnen gemocht werden.

Das lässt sich sogar neurowissenschaftlich nachweisen: Stellen wir uns gegen eine Gruppe, dann werden in unserem Gehirn die Regionen für schlechte Gefühle aktiv. Es bereitet uns regelrecht Schmerzen.

In anderen Situationen können Sie allerdings auf die Auflehnung bauen.

So tricksen Sie mit Trotz

Das Gespräch fand »unter drei« statt. Das heißt: Es war ein vertrauliches Hintergrundgespräch, das hatte die Journalistin gleich am Anfang zugesichert.

Neben den Politikern sind auch Journalisten sehr wichtige Ansprechpartner der Lobbyisten. Viele von ihnen haben wirkliche Macht - Meinungsmacht: Ein einzelner

Journalist, der bei einem großen Medium arbeitet, kann an einem einzigen Tag die öffentliche Meinung stärker beeinflussen, als das ein einzelner Politiker, geschweige denn ein einzelner Lobbyist je könnte.

Auch zu Journalisten pflegt ein guter Lobbyist daher regelmäßigen Kontakt. Manchmal hat der Lobbyist selbst ein Thema oder eine Aussage, die er in die Öffentlichkeit bringen möchte.

Ich versorgte zum Beispiel eine kleine Liste mir persönlich bekannter Journalisten regelmäßig mit Zitaten, wenn wir eine neue Branchenposition zu einem Thema hatten. Diese Zitate griffen sie auch dankbar auf, denn fast alle arbeiten unter großem Zeitdruck.

Deswegen berichteten die Journalisten natürlich nicht einseitig nur über unsere Position. Es ist wie bei den Politikern auch: Von überall laufen Meinungen und Zitate ein. Politiker selbst, andere Lobbyisten, manchmal auch Wissenschaftler und selbst ernannte »Experten« schicken, wenn sie klug sind, regelmäßig Zitate an die Redaktionen. Am Ende lässt sich daraus meist ein ausgewogener Bericht machen. Politiker treten am liebsten frühmorgens im Fernsehen auf, platzieren dort eine Aussage, und ihre Mitarbeiter rufen dann vorsorglich noch einmal bei den Presseagenturen an und stellen sicher, dass das Zitat dort auch angekommen ist und verbreitet wird. Schon hört es das ganze Land im Radio, liest es im Internet und am nächsten Tag in den Zeitungen.

Oft aber riefen Journalisten auch von sich aus bei uns an. Ihnen geht es wie den Politikern auch: Sie sollen sich in sehr kurzer Zeit in ganz unterschiedliche Themen einarbeiten, für die sie selbstverständlich nicht immer zufällig auch den passenden Studienabschluss haben können. Es geht ihnen also nicht immer nur um Zitate. Oft wollen sie erst einmal erfahren, worum es bei einem Thema überhaupt genau geht. Das nennt man dann »ein Hintergrundgespräch«.

Dabei kann man bestimmte Codes vereinbaren. »Unter eins« bedeutet: Jemand ist bereit, wörtlich mit seinem Namen zitiert zu werden. In der Zeitung darf dann also stehen: »Minister Soundso sagte: ›Wir arbeiten gerade an einem Gesetzentwurf.‹« »Unter zwei« bedeutet: Die Information darf zwar gemeldet, aber nicht namentlich zitiert werden. Das liest sich dann so: »In Regierungskreisen hieß es, man arbeite gerade an einem Gesetzentwurf.

»Unter drei« schließlich vereinbart man: Es handelt sich um vertrauliche Informationen, die der Journalist nur für seinen persönlichen Hintergrund nutzen darf. Er weiß dann also, dass es bald einen Gesetzentwurf geben wird – hat aber zugesichert, noch nicht darüber zu berichten.

Diese Codes sind Vertrauenssache. Wer sich nicht daran hält, verliert seine Gesprächspartner für die Zukunft.

Jetzt hatte ich eine Journalistin am Apparat, die gefragt hatte, ob ich 30 Minuten Zeit für ein Hintergrundgespräch hätte. Es ging um ein neues Thema und sie wollte wissen, wer die Akteure sind und wer welche Interessen verfolgt. Wir vereinbarten »unter drei«, denn so konnte ich ihr sagen, worum es wirklich ging.

Bei meinen ersten Hintergrundgesprächen war ich noch sehr naiv gewesen und sehr direkt mit meiner »Hilfsbereitschaft«. Ich sagte zum Beispiel zu einem Redakteur, der mich gebeten hatte, ihm ein aktuelles Thema zu erläutern:

»Sie könnten zum Beispiel schreiben, dass ...« Empört rief er in den Hörer: »Was ich schreibe, das entscheide ich dann schon selbst.«

Die redaktionelle Unabhängigkeit ist ein hohes Gut. Sie ist verfassungsrechtlich garantiert – wie auch die Unabhängigkeit der Abgeordneten. Während Beeinflussung in der Politik aber zum Alltagsgeschäft gehört, reagieren Journalisten auf solche Versuche zu Recht äußerst empfindlich.

Journalisten verteidigen ihre Unabhängigkeit stärker als Politiker. Und oft sind sie auch tatsächlich unabhängiger.

Zu der Journalistin am Telefon sagte ich also: »Ich würde zum Beispiel auf gar keinen Fall schreiben, dass ...«

Am nächsten Tag las ich genau diese Aussage in der Zeitung.

Es war der Satz, den ich lesen *wollte*.

▶▶◀◀

Ist Ihre Zielperson störrisch, dann haben Sie zwei Möglichkeiten.

Die eine ist die selbsterfüllende Prophezeiung, von der wir es schon in Kapitel 6 ausführlich hatten: Loben Sie die Person für das, was sie erst noch tun soll. Behandeln Sie die Person so, als verhielte sie sich schon so, wie Sie es wollen.

Wenn Sie nun sagen: »Ich will aber niemanden loben, schon gar nicht für Eigenschaften, die er überhaupt nicht hat«, dann probieren Sie es mit dem Gegenteil, der »Reaktanz«. Jeder, der ein Kind ist, war oder hat, kennt sie als Trotz. Erwachsene sind kein bisschen anders! Menschen tun in jedem Alter am liebsten das Gegenteil von dem, was andere von ihnen verlangen.

Sobald wir merken, dass uns jemand einschränken will, wollen wir uns unsere Freiheit zurückerobern: Was wir nicht haben können oder tun sollen, finden wir umso interessanter.

In Experimenten gefällt etwa Probanden ein Film viel besser, wenn er plötzlich unterbrochen wird und man ihnen sagt, sie dürften ihn nicht mehr zu Ende sehen. Diejenigen, die den Film weiterschauen dürfen, finden ihn weitaus weniger interessant. In einem anderen Experiment findet man in einer öffentlichen Toilette mit dem Schild »Schreiben Sie unter gar keinen Umständen an diese Wand« nach zwei Wochen wesentlich mehr Graffitis als in einer Toilette mit dem Schild »Schreiben Sie bitte nicht an diese Wand«.

Leiden Sie zum Beispiel darunter, dass Ihr Partner im Haushalt keine große Stütze ist, dann können Sie darüber klagen, sich beschweren, ihn darum bitten. Falls das jemals geholfen hat, sind Sie ein großes Ausnahmetalent! Falls nicht, sagen Sie doch stattdessen einmal: »Du brauchst dich um nichts zu kümmern. Bleib bitte aus der Küche draußen und lass die Finger von den Putzsachen. Ich mache alles selbst, dann wird es ordentlich gemacht. Du hast ja ohnehin viel zu viele andere Sachen um die Ohren ...« Ihr Partner wird plötzlich ein ganz neues Interesse am Haushalt entwickeln.

Oder Sie sind Vorgesetzter und möchten gerne einen Mitarbeiter zu etwas mehr Engagement in einer bestimmten Sache »einladen«. Dann können Sie ihn natürlich darum bitten, fleißiger zu sein. Sie können auch fordern oder drohen – wie erfolgreich solche Bitten, Forderungen oder Drohungen sind, wissen Sie sicher aus eigener Erfahrung.

Versuchen Sie doch einfach einmal das Gegenteil. Signalisieren Sie der trägen Person: »Lass mal gut sein, wahrscheinlich ist das Projekt bei der neuen Kollegin viel besser aufgehoben.« Und staunen Sie, wie umtriebig Ihr Mitarbeiter plötzlich sein kann.

Auch in ganz einfachen Alltagssituationen wirkt die Reaktanz wahre Wunder. Ich stand kürzlich in einer Schlange an der Essenstheke in einem Möbelhaus. Es war ein regnerischer Samstagnachmittag, alle hatten Hunger und schlechte Laune. Ein Herr rempelte mich von hinten an und knurrte: »Stehen Sie an?« Natürlich hätte ich zurückbellen können: »Na klar, hast du Idiot keine Augen im Kopf?« Dann hätten wir uns noch eine Weile gestritten. Ich beschloss, es anders zu versuchen: »Ja, ich stehe an. Aber wenn Sie es sehr eilig haben, lasse ich Sie gerne vor.« Prompt ruderte der Herr zurück: »Nein, nein, nein, nein, nein, das kommt gar nicht infrage, bitte entschuldigen Sie. Sie sind ja vor mir und kommen natürlich zuerst dran.«

Die Reaktanz können Sie auch nutzen, um Kritik und schlimmere Folgen zu verhindern, wenn Sie einmal einen Fehler gemacht haben: Je weniger Sie sich rechtfertigen und herausreden, je mehr Sie als Erster auf Ihren Fehler hinweisen – desto eher werden die anderen sagen: »Ist doch halb so schlimm.«

Die Reaktanz sollten Sie aber nicht nur im Hinterkopf haben, wenn Sie von jemandem strategisch das Gegenteil von dem fordern, was Sie eigentlich wollen. Sie können auch Ihren wahren Wunsch äußern und darauf achten, den

Reaktanz-Effekt beim anderen so gering wie möglich zu halten. Menschen haben eine unglaubliche Angst davor, sich auf Vorschläge und Bitten anderer einzulassen – sie glauben nämlich, dadurch unwiderruflich ihre Freiheit und Kontrolle aufzugeben.

Hier gibt es einen Trick, der in 95 Prozent der Fälle funktioniert. Sagen Sie dem anderen: »Was halten Sie davon, wenn wir das einfach einmal für ein paar Tage ausprobieren? Dann entscheiden *Sie*, ob es sich bewährt hat – und wenn nicht, lassen wir es einfach wieder.«

Interessanterweise wehrt sich kaum jemand dagegen, etwas einmal für eine begrenzte Zeit *auszuprobieren*.

So bekommen Sie die 180-Grad-Wendung hin

Hochinteressante Ergebnisse erreichen Sie, wenn Sie die Reaktanz mit einem anderen Effekt kombinieren:

Unser Problem saß relativ weit unten. Auf der Arbeitsebene. Seit Langem versuchten wir, wichtige gesetzliche Klarstellungen zu erreichen. Am Minister lag es nicht. Erst kürzlich hatten wir einen Gesprächstermin mit ihm und seinen engsten Mitarbeitern gehabt. Er hatte signalisiert, dass er unser Anliegen grundsätzlich teilte. Aber das Thema gehörte auch nicht zu seinen Herzensangelegenheiten. Er trieb es also von sich aus nicht voran.

Alles hing davon ab, ob der Referatsleiter auf der Arbeitsebene aktiv wurde. Und der zog nicht. Es war ein komplexes

Thema, bei dem alle etwas anderes wollten, ein heißes Eisen. Und natürlich packt niemand gerne heiße Eisen an. Der Referatsleiter hatte bis jetzt immer gesagt, es gebe momentan wichtigere und dringendere Vorhaben.

Da kam ich auf folgende Idee: Bei unserem nächsten öffentlichen Empfang veranstalteten wir eine Diskussionsrunde zu dem Thema. Ich lud den Referatsleiter als Diskussionsteilnehmer ein. Er sagte zu und war sicherlich drauf vorbereitet, wieder einmal zu erklären, warum kein unmittelbarer Handlungsbedarf bestand. Für eine interessante Diskussion hätte man nun normalerweise die weiteren Teilnehmer danach ausgesucht, dass sie eine möglichst andere Meinung vertraten.

Stattdessen lud ich hauptsächlich Leute ein, die im Grundsatz auch der Meinung waren, es könne alles beim Alten bleiben. Also bei seiner Meinung. Von diesen Leuten wusste ich allerdings, dass sie in ihrem Standpunkt noch viel extremer waren als unsere Zielperson, der Referatsleiter – und dass sie ihren Standpunkt völlig überzogen begründeten.

Die Diskussion begann – gespannt verfolgte ich aus dem Publikum, wie sich unsere Zielperson entwickeln würde. Meine Rechnung ging auf: Schon nach kurzer Zeit sagte der Referatsleiter, in dieser Absolutheit könne man nun auch wieder nicht sagen, dass kein Handlungsbedarf bestehe. Die Gründe dafür seien nicht so einseitig, wie seine Mitdiskutanten es vorgäben. Vielmehr spräche schon einiges dafür, in absehbarer Zeit tätig zu werden ...

Am Ende sagte unsere Zielperson vor Publikum, hier bestehe doch ein recht dringender Handlungsbedarf. Er werde sich darum kümmern. Nur wenige Wochen später kam aus diesem Referat ein Entwurf für eine Neuregelung.

►►◄◄

Zunächst erstaunt dieses Ergebnis ja, wenn wir uns an den Effekt der Gruppenpolarisierung erinnern: Menschen verstärken in Gruppen eher ihre vorhandenen Einstellungen, als sie über Bord zu werfen.

Allerdings setzt die Gruppenpolarisierung etwas Entscheidendes voraus: Die Gruppe hat den Auftrag, eine gemeinsame Entscheidung zu treffen. Hier wirken die Bedürfnisse nach gegenseitiger Bestätigung und nach Zugehörigkeit. Keiner will die Zuneigung der anderen riskieren, indem er plötzlich aus dem Konsens ausbricht. Hätten wir aus den Diskussionsteilnehmern eine Arbeitsgruppe gebildet, die unbeobachtet zu der Frage getagt hätte, dann wäre mit Sicherheit das einhellige Ergebnis gewesen: kein Handlungsbedarf.

Eine öffentliche Diskussion hingegen verfolgt gerade nicht das Ziel, zu einem gemeinsamen Ergebnis zu kommen. Hier wirken die Bedürfnisse nach Anerkennung und Abgrenzung – jeder möchte sich mit einem möglichst individuellen Standpunkt profilieren. Hier wirkt die Reaktanz: Je mehr andere »meinen« Standpunkt vertreten, desto eher möchte ich mich davon wieder abgrenzen und ändere dafür eben notfalls meinen Standpunkt. Das war dem Referatsleiter passiert.

Nun gibt es kein Gesetz, wonach ein Ministerialbeamter immer das tun muss, was er einmal in einer öffentlichen

Diskussion gesagt hat. Nichts wäre ihm passiert, wenn er die Sache weiter ignoriert hätte – außer, dass wir ihm seine Aussage unter die Nase gehalten hätten, aber das hätte er sicher überlebt. Warum hielt er sich trotzdem an seinen Sinneswandel?

Schuld daran ist die sogenannte kognitive Dissonanz: Unser Gehirn ist stets bemüht, zwischen unterschiedlichen Kognitionen – also Eindrücken, Gedanken – eine Harmonie herzustellen. Es ist ja bekanntlich sehr faul, und am einfachsten ist es nun einmal, wenn alles harmonisch ist.

Auch zwischen unseren Gedanken und unseren Taten will unser Gehirn auf Biegen und Brechen einen friedlichen Einklang herstellen. Wenn Handlung und Einstellung nicht zusammenpassen, ist das für unser Gehirn ein unerträglicher Zustand. Daran muss es dann auf jeden Fall etwas ändern.

Nun gibt es dafür zwei Möglichkeiten: Zum einen kann ich die Handlung an meine Einstellung anpassen. Bin ich zum Beispiel überzeugt davon, dass man nicht Auto fahren sollte, weil das so für die Umwelt besser ist, dann kann ich mein Auto abschaffen – und habe eine wunderbare Einigkeit zwischen Einstellung und Verhalten hergestellt. Mein Gehirn ist zufrieden und ich kann gut schlafen.

Genauso gut kann ich aber auch meine Einstellung der Handlung anpassen. Ich behalte mein Auto und sage mir: »Dafür fliege ich nie und Fliegen ist viel umweltschädlicher. Außerdem kann ich ohne Auto gar nicht zur Arbeit kommen.« Und schon habe ich auch wieder Harmonie in meinen Kopf gebracht. Diesen Fall kennen wir im Alltag auch unter dem Begriff »sich etwas schönreden«.

Zwischen diesen beiden Möglichkeiten kann ich allerdings nur wählen, wenn es um ein Verhalten in der Zukunft geht. Verursacht eine Handlung aus der Vergangenheit die quälende kognitive Dissonanz in meinem Kopf, dann kann ich diese Handlung ja nicht mehr rückgängig machen. Es handelt sich dann um eine sogenannte Nachentscheidungsdissonanz. Will ich die Harmonie in meinem Kopf wiederherstellen, dann bleibt mir nur die zweite Möglichkeit: meine innere Einstellung zu ändern und der Handlung anzupassen.

So funktioniert der Trick der »einstellungskonträren Argumentation«, um die es in unserem Beispiel geht: Bringt man Menschen dazu, vor anderen eine Gegenposition zu ihrer inneren Einstellung zu vertreten, dann ändern diese Menschen tatsächlich ihre Meinung.

Die Technik der einstellungskonträren Argumentation ist mehrfach wissenschaftlich bestätigt. In einem klassischen Experiment bittet man zum Beispiel Probanden darum, eine sehr langweilige Aufgabe zu lösen. Man sagt ihnen aber, sie seien eigentlich bei dem Versuch die Hilfspersonen und die wirklichen Testpersonen säßen draußen im Warteraum. Es sei für das Experiment sehr wichtig, dass diese Testpersonen glaubten, es handle sich um hochinteressante Aufgaben, die da zu lösen seien. Einige der Anwesenden bittet man daher um »Hilfe«: Sie sollten bitte den Testpersonen draußen davon vorschwärmen, wie interessant doch die Aufgaben seien.

Hinterher fragt man sie als die wahren Probanden, wie sie die Aufgaben nun tatsächlich fanden. Das Ergebnis: Wer entgegen seiner ursprünglichen Überzeugung behauptet hat, die Aufgaben seien interessant, der findet sie am Ende tatsächlich selbst interessant.

Eine Sache ist entscheidend, damit diese Technik funktioniert: Die »externe Rechtfertigung« für das Verhalten muss so niedrig wie möglich sein. Dass bedeutet, dass Ihre Zielperson so freiwillig wie möglich die Gegenmeinung einnimmt.

Hätte ich im Beispiel von oben dem Referatsleiter eine Pistole an den Kopf gehalten oder ihm für seine Aussagen eine Million Euro bezahlt, dann hätten diese Aussagen bei ihm keine kognitive Dissonanz hervorgerufen. Sein Gehirn hätte sie leicht einordnen können: »Das habe ich nur gesagt, weil ich mit einer Waffe dazu gezwungen wurde« beziehungsweise »Das habe ich nur für das Geld gesagt«. In der Diskussionsrunde aber wirkte keinerlei äußerer Zwang auf ihn ein. Selbstverständlich hätte er auch bei seiner Meinung bleiben können. Dass er sie freiwillig, ohne äußeren Zwang, änderte, *das* löste die kognitive Dissonanz in seinem Kopf aus.

Die Technik der einstellungskonträren Argumentation können Sie auch im Alltag nutzen. Dazu brauchen Sie natürlich etwas Einfallsreichtum, denn nicht jeder ist sofort bereit, eine Meinung zu vertreten, die seiner eigentlichen Einstellung widerspricht. Geeignete Aufhänger sind zum Beispiel, jemanden um »Hilfe« zu bitten, (Rollen-)Spiele oder Wettbewerbe. Ein paar Beispiele:

Sie sind Vorgesetzter und möchten in Ihrer Abteilung ein neues Betriebssystem einführen. Sie wissen, dass ein Mitarbeiter sich dagegen besonders sperrig zeigen wird. Bitten Sie ihn um »Hilfe«: Fragen Sie ihn, ob er nicht versuchen kann, den Kollegen einige Vorteile des neuen Systems zu erklären, weil er sich am besten damit auskennt.

Oder Sie möchten, dass Ihr Partner weniger Alkohol trinkt. Bitten Sie ihn, Ihren gemeinsamen Kindern zu erklären, warum Alkohol nicht gut für die Gesundheit ist. Oder, wenn Sie keine Kinder haben: Bitten Sie ihn, einer Freundin ins Gewissen zu reden, die angeblich kurz vor einem Alkoholproblem steht.

Möchten Sie Ihren achtjährigen Sohn davon überzeugen, weniger im Internet zu surfen, dann spielen Sie mit ihm ein Rollenspiel: Sie sind das Kind und er darf einen Vater spielen, der seinem Kind erklärt, warum es nicht gut ist, zu viel Zeit im Internet zu verbringen.

Am stärksten wirkt der Effekt übrigens, wenn Sie die Zielperson dazu bringen, die Gegenposition nicht nur vorzutragen, sondern auch aufzuschreiben. Diesen Umstand nutzen Unternehmen, die Wettbewerbe veranstalten, in denen sich potenzielle Kunden einen Werbeslogan oder einen neuen Namen für ein Produkt ausdenken sollen – oder den originellsten Grund nennen, der für das Produkt spricht.

So nutzen Sie »Tür-Techniken«

Eine weitere Anwendung der kognitiven Dissonanz ist die »Foot in the door«-Technik: Sie erbitten von jemandem zuerst einen kleinen Gefallen, den kein vernünftiger Mensch ausschlagen kann. Dann äußern Sie zum selben Thema einen größeren Wunsch – das, was Sie eigentlich wollen. Weil Menschen sich nicht zu ihrem eigenen Verhalten in Widerspruch setzen wollen, erfüllen sie Ihnen dann auch den größeren Wunsch.

Ich selbst bin dieser Technik kürzlich auf den Leim gegangen: Jemand rief mich an und fragte, ob ich bereit sei, Auskünfte für den städtischen Mietspiegel zu geben. Die Einzelheiten würden in einem kurzen Telefonat in den nächsten Tagen geklärt. Ich hatte zwar nicht viel Zeit. Aber da ich Mietspiegel wichtig finde und es nicht so klang, als ob es sehr lange dauern würde, sagte ich zu. Im folgenden Telefonat eröffnete man mir, dass mich jemand zu Hause besuchen würde. Zusammen würden wir dann einen Fragebogen ausfüllen – Dauer: gut 45 Minuten. Hätte man mir das gleich gesagt, wäre ich dazu vermutlich nicht bereit gewesen. Nun aber wäre ich mir selbst sehr inkonsequent vorgekommen, wenn ich dem nicht auch zugestimmt hätte.

Die »Door in the face«-Technik nutzt ebenfalls die kognitive Dissonanz, aber sie funktioniert genau umgekehrt: Hier bitten Sie ebenfalls um zwei Dinge, aber der erste Wunsch ist so unverschämt, dass der andere ihn nur ablehnen kann. Dann äußern Sie Ihren wahren Wunsch, der im Vergleich zum ersten viel kleiner ist. Ihre Zielperson wird nun wesentlich eher bereit sein, Ihnen diesen zweiten Wunsch zu erfüllen. Der Grund: In den Augen der Zielperson sind Sie ihr entgegengekommen, denn Sie wollten ja ursprünglich viel mehr. Damit die Zielperson nicht von einer kognitiven Dissonanz geplagt wird, sagt ihr das Gehirn: Nun musst du ebenfalls entgegenkommen und wenigstens diese kleinere Bitte erfüllen.

Wollen Sie zum Beispiel, dass Ihr Vermieter Ihnen ein neues Ceran-Kochfeld spendiert, dann steigen Ihre Chancen auf ein »Ja«, wenn Sie ihn vorher erfolglos um eine komplett neue Küche gebeten haben.

Ein letztes Beispiel für die Anwendung der kognitiven Dissonanz ist die sogenannte Rechtfertigung des Aufwands. Sie führt dazu, dass Menschen umso eher an einem Ergebnis interessiert sind, je mehr Zeit und Aufwand sie in die Sache bisher schon investiert haben.

Im Alltag sind wir ja meist darauf getrimmt, effizient zu handeln, schnell zu Lösungen zu kommen und zügig zu verhandeln. Oft sprechen wir die größten Dissenspunkte in einer Verhandlung gleich am Anfang an, weil wir denken: »Wenn wir uns darüber schon nicht einigen können, ist alles andere Zeitverschwendung. Dann brauchen wir über den Rest gar nicht zu reden.«

Manchmal können Sie Ihr Ziel aber gerade dadurch erreichen, dass Sie die Verhandlungen in die Länge ziehen und möglichst aufwendig gestalten – jedenfalls für Ihre Zielperson. Bitten Sie um Entwürfe, Vorschläge, Einschätzungen, viele Treffen. Bringen Sie die problematischen Punkte erst auf den Tisch, wenn Ihre Zielperson viel Zeit und viel Arbeit in die Sache investiert hat – zu viel Zeit und zu viel Arbeit, um die Sache jetzt scheitern zu lassen. Wäre der bisherige Aufwand umsonst, würde das zu einer unerträglichen kognitiven Dissonanz führen. Ihre Zielperson wird dann auch bei den heiklen Punkten viel verhandlungsbereiter sein, als wenn Sie diese Punkte früher aufgebracht hätten.

So belohnen und bestrafen Sie richtig

Oft wird es Ihnen darum gehen, Ihre Zielperson zu einem dauerhaften Verhalten zu bewegen. Dass es dabei um die sogenannte Konditionierung geht, wissen Sie natürlich: Wenn wir Menschen für ein erwünschtes Verhalten belohnen oder auch nur loben, dann verstärken sie dieses Verhalten. Da sind wir nicht anders als unsere Hunde.

Was aber passiert, wenn das Leckerli plötzlich ausbleibt? Hund und Mensch gleichermaßen stellen auch das Verhalten wieder ab – sie hatten es ja nur wegen der Belohnung getan. Das nennt man in der Psychologie »Ausschleichen« oder »Extinktion«.

Die Frage ist nun: Wie können wir eine Extinktion verhindern, ohne jedes Mal mit Belohnungen locken zu müssen? Oder, fachlich ausgedrückt: Ist es möglich, das Verhalten extinktionsresistent zu machen?

Ja, das ist es. Der Weg dorthin heißt »intermittierende Verstärkung«.

Das bedeutet: Sie belohnen nicht mehr jedes Mal, sondern irgendwann nur noch jedes zweite Mal, dann seltener und schließlich nur noch ganz gelegentlich. Ihre Zielperson wird das Verhalten trotzdem weiter ausführen, weil sie gelernt hat: Es kommt immer wieder einmal eine Belohnung – und es besteht Hoffnung, dass schon bald wieder eine kommt. Diese Hoffnung wird sie das erwünschte Verhalten weiter ausführen lassen, selbst wenn Sie die Belohnungen irgendwann ganz abgestellt haben. Denn aus Sicht Ihrer Zielperson könnte die unregelmäßige Belohnung irgendwann erneut stattfinden.

Nehmen wir zum Beispiel an, Sie haben eine Haushaltshilfe. Wenn Sie nach Hause kommen und feststellen, dass sie besonders ordentlich gearbeitet hat, dann geben Sie ihr ein gutes Trinkgeld. Das lernt sie und arbeitet daher besonders gut, um das Trinkgeld zu bekommen. Wenn Sie das Trinkgeld nun öfter einmal weglassen, also das gute Verhalten nur noch intermittierend (unregelmäßig) verstärken – dann wird sie trotzdem weiterhin gut arbeiten. Denn sie weiß oder glaubt zumindest: Irgendwann wird es dafür wieder eine Belohnung geben, die Belohnungen kommen ja unregelmäßig. Auf diese Wiese wird ihr gutes Verhalten irgendwann extinktionsresistent – es wird also um seiner selbst willen beibehalten.

Passen Sie aber auf, dass Sie die intermittierende Verstärkung nicht unbeabsichtigt in die falsche Richtung einsetzen: Wenn Sie über *un*erwünschtes Verhalten hinwegsehen, statt es zu bestrafen, dann empfindet Ihre Zielperson das Ausbleiben der Strafe als Belohnung. Wenn Sie also das unerwünschte Verhalten nur manchmal sanktionieren – zum Beispiel aus Bequemlichkeit oder aus Höflichkeit – dann ist das in Wirklichkeit eine intermittierende Verstärkung dieses unerwünschten Verhaltens.

Wollen Sie also Ihre Zielperson erziehen, dann belohnen Sie sie unregelmäßig, aber strafen Sie sie zuverlässig.

Fakten und Effekte

Anker-Effekt

Furnham, A.; Boo, H. C. (2011): A Literature Review of the Anchoring Effect. *Journal of Socio-Economics*, 40 (1), 35–42

Janiszewski, C.; Uy, D. (2008): Precision of the Anchor Influences the Amount of Adjustment. *Psychological Science*, 19 (2), 121–127

Tversky, A.; Kahneman, D. (1974): Judgment Under Uncertainty: Heuristics and Biases. *Science*, 185, 1124–1130

Priming

Klauer, K. C.; Musch, J. (2003): Affective Priming: Findings and Theories. In: Klauer, K.C.; Musch, J. (Hg.), *The Psychology of Evaluation: Affective Processes in Cognition and Emotion*, 7–49. Mahwah, New Jersey: Lawrence Erlbaum

Bargh, J. A.; Chen, M.; Burrows, L. (1996): Automaticity of Social Behavior: Direct Effects of Trait Construct and Stereotype Priming on Action. *Journal of Personality and Social Psychology*, 230–244

Verantwortungsdiffusion

Tiegen, K. H., Brun, W. (2011): Responsibility is Divisible by Two, but not Three or Four: Judgments of Responsibility in Dyads and Groups. *Social Cognition*, 29, 15–42

Mynatt, C.; Sherman, S. J. (1975): Responsibility Attribution in Groups and Individuals: A Direct Test of the Diffusion of Responsibility Hypothesis. *Journal of Personality and Social Psychology*, 32, 1111–1118

Gruppenpolarisierung/Risikoschub-Effekt

Moscovici, S.; Zavalloni, M. (1969): The Group as a Polarizer of Attitudes. *Journal of Personality and Social Psychology*, 12, 125–135

Yardi, S.; Boyd, D. (2010): Dynamic Debates: An Analysis of Group Polarization Over Time on Twitter. *Bulletin of Science, Technology and Society*, 30 (5), 316–327

Informationaler und normativer Einfluss

Berns, G. S.; Chappelow, J.; Zink, C. F.; Pagnoni, G.; Martin-Skurski, M. E.; Richards, J. (2005): Neurobiological Correlates of Social Conformity and Independence During Mental Rotation. *Biological Psychiatry*, 58, 245–253

Nolan, J.; Schultz, P.; Cialdini, R.; Goldstein, N.; Griskevicius, V. (2008): Normative Social Influence is Underdetected. *Personality and Social Psychology Bulletin*, 34 (7), 913–923

Asch, S. (1951): Opinions and Social Pressure. *Scientific American*, 193, 31–35

Reaktanz

Brehm, J. W. (1966): *Theory of Psychological Reactance*. New York: Academic Press

Miron, A. M.; Brehm, J. W. (2006): Reactance Theory – 40 Years Later. *Zeitschrift für Sozialpsychologie*, 1, 9–18

Pennebaker, J. W.; Sanders, D. Y. (1976): American Graffiti: The Effects of Levels of Authority and Reactance Arousal. *Personality and Social Psychology Bulletin*, 2, 264–267

Einstellungskonträre Argumentation/ kognitive Dissonanz

Festinger, L. E.; Carlsmith, J. M. (1959): Cognitive Consequences of Forced Compliance. *Journal of Abnormal and Social Psychology*, 58, 203–210

»Foot in the door«-Technik/»Door in the face«-Technik

Freedman, J. L.; Fraser, S. C. (1966): Compliance Without Pressure: The Foot-in-the-Door Technique. *Journal of Personality and Social Psychology*, 4, 195–202

Dolinski, D. (2011): A Rock or a Hard Place: The Foot-in-the-Face Technique for Inducing Compliance Without Pressure. *Journal of Applied Social Psychology*, 41 (6), 1514–1537

Rechtfertigung des Aufwands

Kamau, C. (2012): What Does Being Initiated Severely Into a Group Do? The Role of Rewards. *International Journal of Psychology*, DOI:10.1080/00207594.2012.663957

Intermittierende Verstärkung

Nevin, J. A. (2012): Resistance to Extinction and Behavioral Momentum. *Behavioural Processes*, 90 (1), 89–97

10. Nutzen Sie die Macht der Masse

Zwei Abgeordnete kicherten laut auf. Vor ihnen auf dem Tisch lag die aktuelle Ausgabe der *Bunten*. Vor ihnen im Raum sprach jemand zu einem Thema, das die Gesellschaft immer wieder bewegt: über die Rundfunkgebühren – und die GEZ, die sie eintreibt.

Zu dem Zeitpunkt zahlte man noch eine Gebühr pro »Empfangsgerät«, und zwar im Monat um die 17 Euro. Der Begriff des »Empfangsgeräts« sollte sich erweitern: Nicht nur für klassische Fernseher und Radiogeräte sollte man künftig zahlen müssen, sondern auch für »neuartige Empfangsgeräte«. Das waren zum Beispiel PCs und Smartphones, weil man auf ihnen – über das Internet – theoretisch auch fernsehen konnte. Ob man das wirklich tat, war egal, es kam nur darauf an, ob man ein Empfangsgerät »vorhielt«.

Viele waren mit dem System nicht zufrieden, erst recht nicht mit den Plänen, immer mehr Geräte einzubeziehen: Die Bürger nicht, weil sie nicht einsahen, dass sie für ein Gerät etwas zahlen sollten, mit dem sie tatsächlich gar nicht fernsahen. Die PC-Hersteller nicht, weil eine monatliche Zwangsgebühr von 17 Euro ihre Produkte weniger attraktiv machte. Die privaten Fernsehsender nicht, weil sie von der Gebühr nichts abbekamen, während der öffentlich-rechtliche Rundfunk jedes Jahr über sieben Milliarden Euro ausgeben konnte, die er nicht erst umständlich zu erwirtschaften brauchte. Der öffentlich-rechtliche Rundfunk war aber auch nicht zufrieden, weil es immer noch zu viele Schwarzseher gab und man natürlich noch viel mehr Kanäle betreiben könnte, wenn man noch eine Milliarde mehr hätte. Alle schrien nach einer Reform.

Einige Bundestagsabgeordnete hatten daher zu einer Debatte eingeladen. Sie hatten Experten gebeten, darüber zu sprechen, wie sich das System der Rundfunkgebühr am besten weiterentwickeln sollte.

Und darüber sprachen die Experten jetzt gerade.

Die beiden Abgeordneten blätterten in der *Bunten* weiter. Andere schrieben auf ihrem Blackberry. Einige kamen und gingen. Manche meldeten sich zu Wort und stellten Fragen, die sie selbst als sehr kritisch empfanden. Sobald der Experte anfing zu antworten, widmeten sie sich wieder anderen Dingen. Aus ihren Fragen ging hervor, dass sie die Regelung, um die es ging, nie näher angeschaut hatten.

Wir vertraten unter anderem private Fernsehsender, aber auch einige Unternehmen, die Geräte herstellten, auf die künftig Gebühren anfallen sollten. Wir waren grundsätzlich gegen eine Gerätegebühr.

Mitgebracht hatten wir einen Juraprofessor. Ich hatte ihn gebeten, sich vor den Abgeordneten möglichst kompliziert auszudrücken – und seine Redezeit voll auszuschöpfen.

Nach der Veranstaltung gab es ein wenig Small Talk auf dem Flur. Ich hörte mir ein paar Reaktionen an.

»Die Soundso hat ziemlich abgenommen«, sagte die Abgeordnete mit der *Bunten* in der Hand über eine der geladenen Expertinnen. »Wie macht die das?«

»Viel hatte der Soundso ja nicht zu sagen«, meinte jemand anderes.

»Ihren Professor, den fand ich recht überzeugend«, raunte mir einer der Abgeordneten zu.

»Ach ja?«, fragte ich zurück. »Das freut mich natürlich. Welches Argument hat Sie denn am meisten überzeugt?«

»Das kann ich so genau gar nicht sagen. Aber er war sehr überzeugend.«

Nun konnte ich mir nicht verkneifen, die entscheidende Frage zu stellen: »Was werden Sie denn jetzt politisch tun?«

»Ich fürchte, gar nichts«, sagte der Abgeordnete. »Wir sind ja gar nicht zuständig ...«

Und so war es: Über die Rundfunkgebühr entscheiden allein die Länder. Die Länder regeln das Thema in einem Staatsvertrag – der Bundestag hat mit all dem nichts zu tun.

Das wusste ich natürlich. Deshalb hatte ich mich für den Professor entschieden. Und für einen komplizierten Vortrag.

▶▶◀◀

Manchmal können Sie den Willen Ihrer Zielperson beugen, indem Sie möglichst viele andere Leute auf Ihre Seite bringen. Der Profi nennt das »Audience Management« – die bewusste Aktivierung von Menschen, die bis dahin nur Zuschauer waren.

Damit setzen Sie eine sogenannte injunktive Norm: Sie lassen Ihre Zielperson wissen, dass die Menschen um sie herum ein bestimmtes Verhalten billigen oder eben missbilligen. Injunktive Normen wirken sehr stark, denn bei der Zielperson sprechen Sie damit das Bedürfnis nach Zugehörigkeit und Zuneigung an: Je mehr Leute um sie herum sich gegen sie stellen und ihr die Zuneigung entziehen – desto größer wird ihr Bedürfnis, wieder dazuzugehören und gemocht zu werden.

Diesen Druck halten die meisten Menschen nur bis zu einem gewissen Grad aus. Dann fallen sie um. Der Gruppendruck kann also die eigene Einstellung überlagern. Sie wirken damit indirekt auf Ihre Zielperson ein, indem Sie auf die Menschen um sie herum einwirken – und *diese* Menschen haben oft tatsächlich noch gar keine Meinung zu dem Thema. Dort brauchen Sie also nicht zwingend eine Einstellungsänderung hervorzurufen – es kann genügen, überhaupt eine Einstellung zu schaffen.

So wusste ich zwar, dass die Bundestagsabgeordneten über Rundfunkgebühren gar nichts zu bestimmen haben. Ich wusste aber auch, dass viele von ihnen in ihrer Partei einflussreich waren. Sie hatten »zu Hause«, in ihrem Landesverband, einiges Gewicht. Und in den Bundesländern wiederum wurde die Frage entschieden. Je mehr Leute dort mitmischten, die unsere Position vertraten, desto besser standen die Chancen, dass unsere Position am Ende Gesetz würde.

Die meisten Anwesenden waren also zwar ergebnisoffen – aber wie die Geschichte zeigt, waren sie trotzdem nicht übermäßig an Argumenten interessiert. Sie achteten eher auf Äußerlichkeiten. Mit »Äußerlichkeiten« meine ich nicht nur das Aussehen, sondern alles Oberflächliche, nicht Inhaltliche: welche akademische Titel die Redner hatten, wie einfach oder kompliziert sie klangen, wie lange sie sprachen. Und diese Äußerlichkeiten gaben am Ende auch den Ausschlag für die Einstellung der Zuhörer.

Hauptsächlich vor Gruppen stellt sich damit die Frage: Worauf setze ich – auf Argumente oder auf Äußerlichkeiten?

So punkten Sie vor Publikum

Die psychologische Forschung weiß darauf eine Antwort. Das sogenannte Elaborations-Wahrscheinlichkeits-Modell besagt: In bestimmten Situationen lassen sich Zuhörer eher durch inhaltliche Argumente überzeugen, in anderen eher durch scheinbar nebensächliche Äußerlichkeiten. Den Weg über echte inhaltliche Argumente bezeichnet man auch als die »zentrale Route«, den über Äußerlichkeiten als die »periphere Route«.

Die zentrale Route funktioniert, wenn Ihre Zuhörer sowohl ein Bedürfnis als auch die Möglichkeit haben, Ihre Argumente zu hören und zu verarbeiten.

Ein Bedürfnis haben sie, wenn sie vom Thema selbst betroffen sind – das haben wir bereits in Kapitel 1 festgestellt.

Die Möglichkeit hängt – lassen Sie uns daraus keinen Hehl machen – von der Intelligenz Ihrer Zuhörer ab, vor allem aber davon, ob es die ganz banalen äußeren Umstände zulassen, dass sie konzentriert zuhören und nachdenken können.

Auf die zentrale Route, also auf echte inhaltliche Argumente, sollten Sie daher setzen, wenn zwei Voraussetzungen erfüllt sind: Ihre Zuhörer sind selbst von dem Thema betroffen *und* sie sind nicht abgelenkt, während Sie sprechen.

Auf die periphere Route, also auf Äußerlichkeiten, sollten Sie setzen, wenn es anders herum ist: Die Zuhörer sind selbst nicht stark betroffen *oder* sie sind stark abgelenkt. Zuhörer können dabei äußerlich abgelenkt sein, aber auch innerlich, nämlich wenn es ihnen gerade selbst besonders gut oder besonders schlecht geht.

Im Beispiel oben waren beide Voraussetzungen für die periphere Route erfüllt: Die Bundestagsabgeordneten waren nicht sonderlich interessiert, weil sie in der Sache ohnehin nichts zu entscheiden hatten. Die Veranstaltung war eine reine Image-Veranstaltung und sollte zeigen: Wir beschäftigen uns mit allem, was das Land bewegt. Und genügend Ablenkung herrscht bei einer solchen Veranstaltung auch immer: *Bunte*, Kaffee, Blackberry, mitgebrachte Akten, ein Kommen und Gehen, der Tratsch mit dem Sitznachbarn.

Nehmen wir zum Beispiel den für einige Menschen nicht ganz fernliegenden Fall an, Sie wollten verhindern, dass in Ihrer Stadt ein neuer großer Bahnhof gebaut wird. Sie kämpfen an allen Fronten: Einmal sprechen Sie auf einer Veranstaltung der Bürgerinitiative, wobei sich in einem ruhigen Raum hauptsächlich Menschen versammelt haben, denen Grundstücke um den Bahnhof herum gehören. Ein anderes Mal sprechen Sie bei einer Großkundgebung, die auch im Fernsehen übertragen wird, bei der viele Unbeteiligte zuhören und viel Unruhe herrscht. Oder Sie sprechen vor einem Schlichtungsausschuss, in dem ebenfalls Menschen sitzen, die von dem Thema nicht direkt betroffen und während der Sitzung mit vielen anderen Dingen beschäftigt sind.

Nach dem Elaborations-Wahrscheinlichkeits-Modell verhalten Sie sich in den unterschiedlichen Situationen am besten völlig unterschiedlich.

Die meisten Menschen aber verhalten sich in jeder Situation genau gleich und achten nicht auf die feinen Unterschiede bei ihren Zuhörern: Manche setzen *immer* auf Argumente, manche *immer* auf Äußerlichkeiten. Dabei kann uns schone eine kurze Zielgruppenanalyse wesentlich erfolgreicher machen.

Die zentrale Route wirkt nachhaltiger, aber ihre Voraussetzungen sind selten erfüllt. Gerade vor einer Gruppe ist oft die periphere Route richtig, weil die Leute abgelenkt sind und nicht jeder direkt betroffen ist. Das wissen viele Leute nicht und sind hinterher enttäuscht darüber, dass die Zuhörer ihre »Argumente« nicht ausreichend gewürdigt haben. Dabei ist die periphere Route meist einfacher – und der Sprecher kann die Voraussetzungen dafür selbst schaffen, indem er für möglichst viel Ablenkung bei den Zuhörern sorgt: Lärm, Essen, Trinken im Publikum – all das ist für einen Redner vorne nicht besonders schön, aber es macht ihm die Überzeugungsarbeit einfacher.

Auf welche Äußerlichkeiten kommt es nun bei der peripheren Route an?

Zum einen natürlich darauf, wer spricht. Ob wir es wahrhaben wollen oder nicht: Auch hier ist es von großer Bedeutung, wie körperlich attraktiv der Sprecher oder die Sprecherin ist – davon haben Sie schon in Kapitel 6 gelesen.

Vor allem aber zählt die Kompetenz des Sprechers. Gelingt es Ihnen, dass sich ein Fachmann, vielleicht sogar ein bekannter Experte, für Ihre Sache ausspricht, dann haben Sie damit viel erreicht, ohne dass Sie viele Argumente in der Sache brauchen.

Wir glauben »Experten« die unglaublichsten Dinge. Sicher kennen Sie das berühmte Milgram-Experiment aus den 1960er-Jahren: Probanden sollten einem Lockvogel Stromschläge verpassen, um angeblich zu prüfen, wie Bestrafung mit Lernen zusammenhängt. Ein »Versuchsleiter« gab die Anweisungen. Die Stromstärke stieg stetig an bis zu über 400 Volt. Der Lockvogel schrie, protestierte und reagierte am Ende gar nicht mehr – trotzdem erhöhten die meisten Probanden gehorsam den Strom, wenn der »Versuchsleiter« sie dazu aufforderte. Sie gaben die Verantwortung erschreckend leicht an eine Autorität ab.

Das Milgram-Experiment zeigt aber auch: Es kommt gar nicht darauf an, ob jemand wirklich Autorität hat. Es kommt darauf an, dass er sie ausstrahlt.

So glauben Ihnen die Leute alles

Im sogenannten Dr.-Fox-Experiment bittet man einen Schauspieler, einen Vortrag zu halten. Thema: »Die Anwendung der mathematischen Spieltheorie in der Ausbildung von Ärzten«. Inhalt: Kompletter widersprüchlicher Unsinn.

Den Zuhörern wird der Schauspieler vorgestellt als »Dr. Myron L. Fox, eine Kapazität auf dem Gebiet der Anwendung von Mathematik auf das menschliche Verhalten«. Dr. Fox ist dekoriert mit einem eindrucksvollen, aber erfundenen Lebenslauf als Wissenschaftler. Er ist gut gekleidet, hat ein distinguiertes Auftreten und eine kompetent wirkende Stimme.

»Dr. Myron L. Fox« hält seinen Vortrag sowohl vor Laien als auch vor Fachleuten. Keiner der beiden Gruppen fällt auf, dass sie völligen inhaltlichen Blödsinn gehört haben. Im Gegenteil – sie lassen sich am Ende auf eine angeregte fachliche Diskussion mit dem guten Dr. Fox ein. Dieses »Experiment« wiederholen regelmäßig Comedians, die sich vor einer ahnungslosen Gruppe als Experten oder hochintellektuelle Schriftsteller mit Wasserglas auf dem Tisch ausgeben. Und niemand merkt etwas.

Wenn Sie eine echte Kapazität sind oder haben, ist das also perfekt – aber nötig ist es nicht, um Gruppen zu überzeugen.

Auf der peripheren Route kommt es aber auch durchaus darauf an, *was* gesagt wird. Auch Argumente sind wichtig, aber eben nur in ihrer äußeren Hülle.

Die Menschen achten zum Beispiel darauf, wie viele Argumente jemand vorträgt und wie lange er spricht. Wer lange spricht und viele Argumente aufzählt, überzeugt Zuhörer auf der peripheren Route. Damit auch alle merken, wie viele Argumente Sie vortragen, sollten Sie Ihre Argumente laut und deutlich nummerieren. Dabei kann man aus einem großen Argument leicht fünf kleine Argumente machen.

Haben Sie auf der peripheren Route keine Angst davor, zu kompliziert zu sprechen – der Effekt beruht gerade darauf, *dass* Sie niemand versteht. Nach seinem Entdecker, dem Psychologen Alex Bavelas, ist der »Bavelas-Effekt« benannt: Menschen glauben einer komplexen Erklärung viel eher als einer einfachen – unabhängig davon, ob die Erklärung stimmt!

Diese Menschen können Sie am leichtesten bewegen

Oft haben Sie eine Wahl, welche Menschen Sie im Umfeld Ihrer Zielperson ansprechen, um Gruppendruck auf Ihre Zielperson auszuüben.

Nehmen wir an, ein Lehrer Ihres Kindes soll an eine andere Schule zwangsversetzt werden. Sie finden den Lehrer gut und möchten, dass Ihr Kind ihn behält. Welche Gruppe können Sie am leichtesten überzeugen, damit sie Druck gegen die Direktorin aufbaut? Die Schüler? Die anderen Lehrer? Die sonstigen Mitarbeiter an der Schule, wie Sekretärinnen und Hausmeister? Die Eltern? Bestimmte Gruppen von Eltern?

Mit diesen Fragen haben sich über viele Jahre Wissenschaftler an der Yale University befasst. Sie haben aus ihren

Forschungsergebnissen den »Yale-Ansatz zur Einstellungsänderung« entwickelt.

Die Ergebnisse sind eindeutig: Menschen mit geringerer
Intelligenz sind, zumindest auf der peripheren Route, eher
zu beeinflussen als sehr intelligente Menschen.

Schwer zu knacken sind Menschen, die entweder ein besonders großes *oder* ein besonders kleines Selbstbewusstsein
haben – wenn irgendwie möglich, sollten Sie sich daher auf
Menschen konzentrieren, deren Selbstwertgefühl einiger-
maßen normal ist.

Und schließlich sind jüngere Menschen leichter zu überzeugen als ältere – wobei die Grenze bereits bei etwa
25 Jahren liegt.

Damit können Sie die Frage von eben beantworten – je
nachdem, wie intelligent, selbstbewusst und alt die Menschen in den verschiedenen Gruppen an der Schule sind.

Und was, wenn Sie es tatsächlich einmal mit einer Situation zu tun haben, in der die zentrale Route angezeigt ist,
also Argumente zählen? Welche »Argumente« Sie auswäh-
len, haben wir bereits in Kapitel 3 besprochen.

Aber es gibt noch einige weitere Dinge zu beachten:
Meist erreichen Sie mehr, wenn Sie auch Gegenargumente
einbeziehen – die Sie natürlich widerlegen. Der Primat-
Rezenz-Effekt aus Kapitel 8 bestätigt das, was wir schon
fürs Aufsatzschreiben in der Schule gelernt haben: Die
wichtigsten Argumente gehören tatsächlich an den Anfang
und ans Ende.

So spielen Sie mit den Fakten in den Köpfen

Wie gehen Sie mit Fakten um? Wenn die Fakten Ihren Standpunkt belegen – gut für Sie.

Wenn nicht: Nutzen Sie auch hier die Unzulänglichkeiten des menschlichen Gehirns. Es nimmt die Welt ganz anders wahr, als sie ist:

Der sogenannte Verfügbarkeitsfehler zum Beispiel trickst jede Statistik aus: Unser faules Gehirn ersetzt die Fakten durch seine eigene Erinnerung. Und selbst dabei bleibt es faul: Es zählt nicht statistisch genau, sondern führt eine »Verfügbarkeitsheuristik« durch. Ereignisse, die leichter verfügbar sind, an die wir uns also leichter erinnern, halten wir für häufiger und wahrscheinlicher als Beispiele, an die wir uns schwerer erinnern.

Wohlgemerkt: Entscheidend ist nicht, wie *oft* wir uns an etwas erinnern – sondern wie *leicht*. In einem faszinierenden Experiment bittet man zum Beispiel Probanden, sich an Situationen zu erinnern, in denen sie ein besonders großes Selbstbewusstsein hatten. Die eine Gruppe soll sechs Ereignisse notieren, die andere zwölf. Dann sollen die Probanden ihre eigene Selbstsicherheit einschätzen. Das erstaunliche Ergebnis: Wer zwölf Beispiele gesammelt hat, hält sich für weniger selbstbewusst als jemand, der nur sechs Beispiele für die eigene Selbstsicherheit notiert hat. Rein statistisch betrachtet müsste es ja genau umgekehrt sein. Aber die Probanden, die mehr Beispiele sammeln sollen, müssen am Ende länger nachdenken, um auf die letzten Beispiele zu kommen. Ihnen fällt also die Erinnerung schwerer – daraus schließt das Gehirn, dass der Umstand eben doch nicht so häufig ist.

Nehmen wir zum Beispiel an, Sie möchten in Ihrem
Wohnviertel eine Bürgerinitiative ins Leben rufen, die sich
für eine Fußgängerampel an einer befahrenen Straße einsetzen soll. Dafür stellen Sie sich mit einer Strichliste an den
Straßenrand und ermitteln statistisch, wie oft jemand ohne
die Ampel länger als 30 Sekunden warten muss, bis er die
Straße überqueren kann. Das Ergebnis enttäuscht Sie: Es ist
nur in einem von fünf Fällen so – nicht gerade überzeugende
Daten für Ihren Aufruf. Besser lassen Sie die wahren Daten
daher in der Schublade und sprechen die Fakten im Kopf der
Leute an: Denn das Warten am Straßenrand ist mit Ärger,
also Emotionen, verbunden. Und Emotionen machen Dinge
leichter erinnerbar. Ihre Nachbarn werden sich also viel
leichter an Situationen erinnern können, in denen sie hilflos
am Straßenrand standen, als an solche, in denen sie problem-
los die Straße überquerten. Obwohl es in Wahrheit meistens
gar keine Probleme gab. Einer bloßen Behauptung wie »Fast
nie kommt man gut über diese Straße« werden also die meisten aus ihrer eigenen »Erfahrung« heraus zustimmen – auch
wenn die Wirklichkeit ganz anders ist.

Selbst wenn wir hören, dass wir an statistischen Unsinn
glauben, halten wir oft an unserer Überzeugung weiter fest.
Diesen Effekt haben wir schon in Kapitel 1 als »Perser-
veranz-Effekt« kennengelernt.

Achten Sie daher auf den Verfügbarkeitsfehler, wann immer Sie Statistiken einsetzen wollen – arbeiten Sie nicht
gegen ihn, sondern mit ihm: Vergessen Sie die wahren Statistiken, die immer so gerne benutzt werden. Fragen Sie
sich nicht »Wie oft kommt etwas vor?«, sondern »Wie
leicht können sich meine Zuhörer an etwas erinnern?«

Auch dürfen Sie davon ausgehen, dass alle Ihre Zuhörer sämtliche gängige gesellschaftliche Vorurteile haben. Obwohl jeder gerne das Gegenteil behauptet. Manche Forscher gehen davon aus, dass bestimmte Grundeinstellungen angeboren sind. Jedenfalls lernen wir die gängigen Vorurteile rasend schnell von unserer Umwelt – und dann »haben« wir sie, zumindest in unserem Kopf.

Kleiner Test gefällig? Welche zwei Gruppen sprechen folgende Vorurteile an – und welche Aussage ordnen Sie welcher Gruppe zu?

»Schaut gerne Fußball.« – »Kauft gerne Schuhe.«

Sehen Sie? In Ihrem Kopf sind die Vorurteile schon verankert, sonst hätten Sie das jetzt gar nicht beantworten können.

Wer sagt: »Ich habe keine Vorurteile«, meint damit also höchstens: »Ich unterdrücke die Vorurteile in meinem Kopf.«

Aber das Unterdrücken ist harte Arbeit für unser Gehirn – und das ist ja bekanntlich faul. Deshalb sucht es ständig nach Gründen, um nichts mehr unterdrücken zu müssen.

Dafür reicht es schon, dass jemand in unserer Umgebung ein Vorurteil äußert. In einem Experiment bringt man zum Beispiel Versuchspersonen in Situationen, in denen »zufällig« ein Lockvogel in ihrer Umgebung ein Vorurteil vor sich hin murmelt. Bereits das reicht aus, damit die Versuchspersonen danach die betroffene gesellschaftliche Gruppe tatsächlich schlechter bewerten. Findet unser Gehirn nur eine kleine Rechtfertigung für das Vorurteil, dann ist es nicht mehr nötig, es zu unterdrücken.

Damit will ich nicht sagen, Sie sollten Ihre Lebensaufgabe darin sehen, Vorurteile zu zementieren. Ich sage Ihnen lediglich, wie das Gehirn Ihrer Zuhörer funktioniert – denn dagegen kommen Sie nicht an, egal, ob Sie das gut finden oder schlecht.

So gewinnen Sie mit Verlusten

Oft geht es um die Frage, was sich mit einer bestimmten Entscheidung gewinnen oder verlieren lässt. Überall bekommen wir ja eingeredet, wir sollten uns möglichst positiv äußern, auf die Chancen konzentrieren.
Und diesen Fehler machen viele, die andere überzeugen wollen.

Warum ist das ein Fehler? Der Besitztumseffekt lehrt bekanntlich: Unsere Verlustängste sind immer stärker als der Drang, etwas hinzuzugewinnen. Der Grund: Wir halten denselben Gegenstand für wertvoller, wenn wir ihn besitzen, als wenn ihn jemand anderes besitzt. Davon hatten wir es schon in Kapitel 1 – erinnern Sie sich an das Experiment mit den Tassen?

Der Besitztumseffekt ist inzwischen auch neurowissenschaftlich nachgewiesen: Das Gehirn von Menschen, die sich gerade von etwas trennen, ist in Schmerzregionen aktiv – in der sogenannten Inselrinde, einem Teil der Großhirnrinde. Das ändert sich noch nicht einmal dann, wenn die Menschen den Gegenstand verkaufen, also einen Gegenwert bekommen. Sich von etwas zu trennen, verursacht grundsätzlich regelrechte Schmerzen.

Wenn Sie Menschen wirklich bewegen wollen, dann betonen Sie also nicht die Chancen einer bestimmten Entscheidung – sondern sprechen Sie die Verlustängste an. Das ist meist nur eine Frage der Formulierung.

Nehmen wir zum Beispiel an, Sie sind Vorgesetzter und möchten Ihre Abteilung davon überzeugen, in Zukunft noch einen weiteren Aufgabenbereich zu übernehmen. Dann können Sie natürlich davon schwärmen, wie interessant die neue Aufgabe ist, welche Chancen sie bietet und dass Sie mit einem größeren Umsatz vielleicht im nächsten Jahr einen Mitarbeiterausflug machen und höhere Boni zahlen können. Die meisten Chefs wählen wohl diese Alternative.

Viel wirkungsvoller ist aber einfach diese Aussage: »Wenn wir die neue Aufgabe nicht übernehmen, wird unser Budget gekürzt und wir können uns in Zukunft nicht mehr den edlen frisch gemahlenen Kaffee leisten, den wir momentan hier jeden Tag trinken.«

Umgekehrt sollten Sie anderen nie freiwillig etwas anbieten, das Sie nicht auch dauerhaft tun wollen. So glauben Unternehmen und Organisationen oft, durch eine »freiwillige Selbstverpflichtung« könnten sie einem gesetzlichen Zwang durch die Politik entkommen. Sobald sie dann aber etwas freiwillig tun, will darauf niemand mehr verzichten – regelmäßig will die Politik das freiwillige Verhalten dann sicherheitshalber gesetzlich festschreiben. Seien Sie also auch in Ihrem Alltagsleben zurückhaltend mit »freiwilligen Selbstverpflichtungen« – gegenüber Ihrem Partner, Ihrem Arbeitgeber, Ihren Kindern und jedem sonst.

So senden Sie auf allen Kanälen

Nun haben wir ein paar wichtige Aspekte sowohl der peripheren Route als auch der zentralen Route kennengelernt. Natürlich lassen sich auch beide Routen verbinden – damit gehen Sie auf Nummer sicher. Bei Argumenten zum Beispiel gibt es eine sehr elegante Möglichkeit, Inhalt und Äußerlichkeit maximal wirken zu lassen:

Die EU-Kommission hatte einen beunruhigenden Vorstoß gemacht: Sie wollte das Internet so beherrschen wie das Fernsehen.

Das Fernsehen gehört zu den am strengsten regulierten Bereichen überhaupt: Fernsehanbieter brauchen eine Zulassung, die sie nur in einem aufwendigen Verfahren bekommen können. Es gibt bestimmte Anforderungen an das Programm und an die Zusammensetzung der Fernsehsender – kein Unternehmen soll zu mächtig werden. Für Sponsoring und Werbung gelten enge Grenzen. Der Grund: Man sieht Fernsehen als sehr gefährlich an, weil es ein bewegtes Bild in die Wohnzimmer bringt, und zwar in alle Wohnzimmer zur gleichen Zeit. Man spricht hier auch von der »Suggestivkraft des bewegten Bildes«. Viele Politiker halten das Fernsehen daher auch heute noch für ein potenzielles Propagandainstrument, mit dem ein Sender seine »Meinungsmacht« missbrauchen könnte.

Solche großen Gefahren traut man gedruckten Zeitungen nicht zu, weil sie nicht gleichzeitig ein bewegtes Bild verbreiten. Ähnliches gilt für das Internet. Dort gibt es zwar inzwischen Videos in guter Qualität, aber so unüberschaubar viele, dass keines die Aufmerksamkeit zum Beispiel einer Samstagabendshow im Fernsehen erreichen könnte. Deshalb kann im Internet jeder ohne größere Hürden zum »Inhaltsanbieter« werden.

Trotzdem hatte die EU-Kommission Pläne veröffentlicht, nach denen sie viele Regeln, die für das Fernsehen gelten, auf das Internet ausdehnen wollte. Für die Internetunternehmen wäre das verheerend gewesen. Besonders skurril hätte es sich auf Zeitungsredaktionen ausgewirkt: Für ihre Onlineausgaben hätten plötzlich andere, strengere Regeln gegolten als für die gedruckte Ausgabe.

Wir arbeiteten daher eng mit den Zeitungs- und Zeitschriftenverlagen zusammen, um dieses Vorhaben zu stoppen. Zu einer Anhörung hatte ein Kollege von den Verlagen ein elektronisches Lesegerät mit E-Paper mitgebracht, das nur etwas Strom braucht, um eine Seite sichtbar zu machen – ist die Seite einmal aufgebaut, bleibt sie auch ohne Strom lesbar, ganz wie Papier, wenn es einmal bedruckt ist.

Der Kollege rief die Titelseite einer Zeitung auf dem Gerät auf, hielt es hoch und sagte: »Diese Seite sieht genauso aus wie die Titelseite der gedruckten Zeitung. Und ...« – nun öffnete er das Batteriefach und ließ mit einem lauten Knall die Batterien heraus auf den Tisch fallen – »... wenn ich die Batterien herausnehme, dann ist es genau so, wie wenn ich eine gedruckte Zeitung in der Hand hielte. Und doch sollen für beide in Zukunft völlig unterschiedliche Regeln gelten.«

Die ursprünglichen Pläne der EU-Kommission wurden in ihrer Schärfe niemals Gesetz.

▶▶◀◀

Dieses Beispiel zeigt eine sehr elegante Möglichkeit der Argumentation, die sowohl auf der zentralen Route als auch auf der peripheren Route funktioniert: die Analogie.

Die Analogie nutzt eine Eigenschaft unseres Gehirns, über die wir bereits gesprochen haben: Es liebt das, was es schon kennt – und versucht, alle neuen Informationen mit den bereits vorhandenen in Einklang zu bringen.

Die Analogie spricht beide Routen an: Einerseits ist sie ein echtes inhaltliches Argument, denn sie verbindet zwei Sachverhalte, die in entscheidenden Merkmalen logisch übereinstimmen. Dann lässt sich ein Schluss von dem einen Sachverhalt auf den anderen übertragen. Wer möchte, findet als Zuhörer hier also genug Kognitionsfutter für sein Gehirn.

Andererseits ist die Analogie aber auch etwas sehr Äußerliches, Anschauliches. Man *kann* viel über sie nachdenken, der Clou ist aber: Man versteht sie ebenso ohne Nachdenken. Daher erreicht die Analogie auch die Menschen, die sich eben nicht mit tiefschürfenden Argumenten befassen wollen.

Mit der Analogie können Sie alles auf Anhieb sehr anschaulich erklären, ohne es wirklich erklären zu müssen. Sie nutzen einfach das Wissen, das Ihre Zuhörer schon im Kopf haben.

Nehmen wir an, Sie wollten zum Beispiel eine Frucht namens »Pepino« beschreiben. Dann können Sie sagen: »Die Pepino ist eine ovale Frucht, zwischen 10 und 20 Zentimetern lang und zwischen 5 und 10 Zentimetern im Durchmesser. Außen hat sie eine glatte, grüngelbe Schale, innen ein gelbliches weiches Fruchtfleisch, das man essen kann und das süßlich schmeckt.«

Oder aber Sie sagen: »Die Pepino ist eine Mischung aus Melone und Birne.«

Bevor Sie umständlich etwas erklären, suchen Sie sich lieber etwas aus, das alle Leute kennen und von dem Sie sagen können: »Das ist genau so wie …«

Vor allem aber können Sie dabei einen Trick nutzen: Sie können den Vergleichsgegenstand so wählen, dass er bestimmte zusätzliche Eigenschaften suggeriert, die der Ausgangsgegenstand vielleicht gar nicht hat.

Möchten Sie zum Beispiel einem Verlag eine Romanidee anbieten, dann können Sie sagen: »Es geht um ein Mädchen mit magischen Kräften, das mit seinen Freundinnen verschiedene Abenteuer besteht.« Oder Sie sagen: »Es ist wie *Harry Potter* mit einer weiblichen Hauptfigur.«

Zum Schluss möchte ich Ihnen noch eine Geschichte mit auf den Weg geben, die zeigt: Manchmal lohnt es sich, einfach durchzuhalten.

So nehmen Sie Einfluss auf die Wahrheit

Der Kollege von der Presseabteilung stand in der Tür und wartete.

»Moment, ich hab's gleich«, sagte ich und klickte mich auf meiner Festplatte durch zum Ordner »Positionen«.

In der Politik gibt es ein paar Säue, die immer wieder durchs Dorf getrieben werden, alle paar Wochen oder Monate. Einer wirft das Thema auf, und alle stürzen sich

darauf und tun so, als hätte man noch nie darüber gesprochen.

Diesmal war es wieder die Rundfunkgebühr, vor allem auf
die »neuartigen Empfangsgeräte«, die Fernsehen oder Radio über Internet empfangen konnten. Nach der neuen Regelung konnte theoretisch jedes Gerät mit Internetzugang
zum gebührenpflichtigen »Empfangsgerät« werden, selbst
wenn es eigentlich ein Kühlschrank war.

Nicht nur wir fanden, dass das System der Gebühr auf
»Empfangsgeräte« damit endgültig technisch überholt sei.
Wir empfanden es vor allem als eine Art Strafabgabe auf
neue technische Geräte, die deren Zukunft in Deutschland
behindern konnte: Wer kauft schon gern ein modernes
technisches Gerät, zum Beispiel ein Smartphone oder ein
Navigationsgerät, für das er dann jeden Monat 17 Euro zahlen muss, nur weil er *theoretisch* damit auch fernsehen
könnte?

Nach der neuen Regelung gab es kaum mehr jemanden,
der keine Rundfunkgebühr hätte zahlen müssen. In praktisch jedem Haushalt fand sich irgendetwas, das als »Empfangsgerät« durchgehen würde. Wir waren deshalb der
Meinung, es wäre ehrlicher, aus der Geräteabgabe gleich
eine Haushaltsabgabe zu machen. Damit, so glaubten wir
zumindest damals, hätte man sich auch einen Großteil der
GEZ mit ihren »Kontrollbesuchen« sparen können.

Wir hatten daher den Vorschlag der Haushaltsabgabe
schon vor einigen Jahren ins Spiel gebracht. Damals, ganz
am Anfang der Diskussion, wurde er als »unrealistisch« be-
lächelt. In der Tat war alles andere als sicher, ob ein solches
System funktionieren würde – ob es nach wie vor genug

Geld zur Finanzierung des öffentlich-rechtlichen Rundfunks einbringen würde, wie genau die Haushaltsabgabe eingesammelt werden sollte und vor allem: ob ein solches System überhaupt rechtlich zulässig wäre. Immerhin müssten damit – zumindest theoretisch – auch solche Bürger den öffentlich-rechtlichen Rundfunk mitfinanzieren, die noch *nicht einmal* einen Kühlschrank mit Internetanschluss haben, geschweige denn einen Fernseher oder ein Radio. Trotz aller Zweifel war es die beste Alternative, die wir sahen. Wann immer das Thema aufkam, wiederholten wir unseren Vorschlag. So suchte ich auch an diesem Nachmittag schnell unseren Textbaustein dazu heraus und schickte ihn unserem Pressesprecher, der ihn in eine Pressemitteilung einbaute. Und schon stand wieder in den Zeitungen, dass wir eine Haushaltsabgabe vorschlugen.

Wenn Sie dieses Buch heute, einige Jahre später, lesen, ist das System der Haushaltsabgabe bereits unter dem Namen »Rundfunkbeitrag« in Kraft getreten. Die rechtlichen Fragen sind noch nicht geklärt, sie liegen beim Bundesverfassungsgericht.

Wie konnte es eine Idee, die als »unrealistisch« galt und an der man bis heute manche Zweifel haben kann, trotzdem schaffen, am Ende Wirklichkeit – Gesetz – zu werden?

Wir haben das »Unrealistische« einfach gebetsmühlenartig so lange wiederholt, immer wieder und wieder, bis es zur Wahrheit wurde. Im Lauf der Jahre hörte man die Idee immer öfter, erst von anderen Interessengruppen, plötzlich auch von einzelnen Politikern, dann von einer Partei, dann von zwei Parteien – und am Ende sagten so ziemlich alle zu dem Thema nur noch: »Haushaltsabgabe.« Obwohl sich an den Fragen und Problemen, die mit dieser Idee am Anfang verbunden waren, nichts geändert hatte.

▶▶◀◀

In Kapitel 5 haben wir bereits über den Effekt der bloßen Darstellung gesprochen: Wir mögen Menschen automatisch lieber, je öfter wir sie einfach nur sehen. Das liegt an der Macht der Gewöhnung – unser faules Gehirn liebt alles, was ihm vertraut geworden ist, denn das kann es leichter verarbeiten. Die »Verarbeitungsflüssigkeit« steigt.

Der Effekt der bloßen Darstellung hat nun eine interessante Variante: Er funktioniert nicht nur bei Menschen, sondern auch bei Dingen und Worten. Wenn Sie zum Beispiel im Radio zweimal kurz hintereinander Werbung für dieselbe Marke hören, dann beeinflusst das tatsächlich Ihre Sympathie für diese Marke, auch wenn Ihnen das nicht bewusst sein mag. Unter einer Voraussetzung (wie auch mit anderen Menschen): Es war nicht gleich die erste Begegnung negativ, wie zum Beispiel bei manch nervigem Möbelhaus-Spot.

Und der wirkliche Clou: Der Effekt funktioniert sogar bei Aussagen! Wir halten Aussagen tatsächlich eher für wahr, je öfter wir sie hören. Der gerne gebrachte Konter: »Ihre Behauptung wird nicht dadurch wahrer, dass Sie sie ständig wiederholen!«, stimmt also erwiesenermaßen so nicht ganz. Zumindest in den Köpfen der Zuhörer wird die Aussage eben doch »wahrer«. Dieser sogenannte Wahrheitseffekt wurde in vielen Studien anschaulich belegt.

Allerdings muss man eine Einschränkung machen: In meinem Beispiel von oben gab es keine verhärteten Fronten mit Meinung und Gegenmeinung. Von solchen Fronten hatten wir ja in Kapitel 1 bereits festgestellt: Sie lassen sich nicht aufbrechen, und je öfter Sie Ihr Gegenüber mit seiner Gegenansicht konfrontieren, desto eher machen Sie es immun gegen eine Einstellungsänderung. Das war die sogenannte Einstellungsimpfung. Der Wahrheitseffekt taugt also nicht, um eine konkrete Zielperson vom Gegenteil zu überzeugen, die bereits eine starke eigene Meinung hat.

Aber der Wahrheitseffekt wird Ihnen gute Dienste leisten, wenn Sie eine Aussage einer Gruppe von Menschen »verkaufen« wollen, die noch keine feste Meinung hat.

Geben Sie also nicht zu schnell auf, wenn sich Ihre »Wahrheit« nicht auf Anhieb durchsetzt: Stellen Sie auf stur und wiederholen Sie Ihre Aussage gebetsmühlenartig.

Irgendwann wird sie wahr werden.

Fakten und Effekte

Injunktive Normen und Gruppenzwang

Cialdini, R. B.; Reno, R. R.; Kallgren, C. A. (2000): A Focus Theory of Normative Conduct: When Norms Do and Do Not Affect Behavior. *Personality and Social Psychology Bulletin*, 26, 1002–1012

Elaborations-Wahrscheinlichkeits-Modell

Petty, R. E.; Cacioppo, J. T. (1986): *Communication and Persuasion: Central and Peripheral Routes to Attitude Change.* New York: Springer

Petty, R. E.; Cacioppo, J. T.; Strathman, A. J.; Priester, J. R. (2005): To Think or Not to Think: Exploring Two Routes to Persuasion. In: Shavitt, S.; Brock, T. C. (Hg.), *Persuasion: Psychological Insights and Perspectives,* 81–116. New York: Allyn & Bacon, 2. Auflage

Autorität und Einstellungsänderung

Milgram, S. (1982): *Das Milgram-Experiment. Zur Gehorsamsbereitschaft gegenüber Autorität.* Reinbek: Rowohlt

Dr.-Fox-Effekt

Naftulin, D. H.; Ware, Jr., J. E.; Donnelly, F. A. (1973): The Doctor Fox Lecture: A Paradigm of Educational Seduction. *Journal of Medical Education,* 48, 630–635

Bavelas-Effekt

Bavelas, A. (1950): Communication Patterns in Task-Oriented Groups. *The Journal of the Acoustical Society of America,* 22, 725–730

Yale-Ansatz zur Einstellungsänderung

Hovland, C. I.; Janis, I. L.; Kelley, H. H. (1953):*Communication and Persuasion: Psychological Studies of Opinion Change*. New Haven: Yale University Press

Rhodes, N.; Wood, W. (1992): Self-Esteem and Intelligence Affect Influenceability: The Mediating Role of Message Reception. *Psychological Bulletin*, 111, 156–171

Krosnick, J. A.; Alwin, D. F. (1989): Aging and Susceptibility to Attitude Change. *Journal of Personality and Social Psychology*, 57, 416–425

Verfügbarkeitsfehler

Tversky, A.; Kahneman, D. (2005): Judgment Under Uncertainty: Heuristics and Biases. In: Bazerman, M. H. (Hg.), *Negotiation, Decision Making und Conflict Management*, 251–258. Northampton, Massachusetts: Edward Elgar Publishing

Vorurteilsforschung

Devine, P. G. (1989): Stereotypes and Prejudice: Their Automatic and Controlled Components. *Journal of Personality and Social Psychology*, 56, 5–18

Besitztumseffekt (neurologischer Nachweis)

Kuhnen, C. M.; Knutson, B. (2005): The Neural Basis of Financial Risk Taking. *Neuron*, 47, 763–770

Beeinflussung durch Analogien

Coenen, H. G. (2002): *Analogie und Metapher. Grundlegung einer Theorie der bildlichen Rede*. Berlin/New York: de Gruyter

Wahrheitseffekt

Gilbert, D. T.; Krull, D. S.; Malone, P. S. (1990): Unbelieving the Unbelievable: Some Problems in the Rejection of False Information. *Journal of Personality and Social Psychology*, 59, 601–613

MAL EHRLICH!

Sie wussten es doch schon immer, nicht wahr?

Die psychologischen Effekte in diesem Buch habe ich nicht erfunden. Sie beschreiben, wie unser Gehirn funktioniert. Deshalb sind alle Effekte bereits in Ihrem Kopf – zumindest intuitiv kennen Sie schon alles. Je öfter Sie beim Lesen genickt und gedacht haben: »Das kommt mir bekannt vor«, desto besser. Jedes Nicken bestätigt die Ergebnisse der wissenschaftlichen Forschung und zeigt, dass alle Menschen ganz ähnliche Erfahrungen machen.

Ich habe die Effekte gesammelt und systematisiert, damit man im Alltag gezielter an sie denken und sie nutzen kann. Viele Teilnehmer meiner Veranstaltungen sagen: »Jetzt sehe ich endlich ein System hinter den Strategien, die ich bisher immer instinktiv eingesetzt habe. Und eine Erklärung dafür, warum diese Strategien wirken.«

Ich freue mich, auch von Ihnen zu hören: Wie decken sich Ihre Erfahrungen mit den Beschreibungen in diesem Buch? Was funktioniert bei Ihnen gut? Was weniger gut? Was sind Ihre ganz persönlichen Strategien?

Danke, Ihr Volker Kitz

mail@volkerkitz.com oder www.facebook.com/KitzTusch

SIE WOLLEN MEHR?

Sie wollen tiefer eintauchen in die Kunst, andere für sich zu gewinnen? Sie wollen das Wissen aus diesem Buch auch für Ihren beruflichen Erfolg nutzen?

Dann laden Sie Volker Kitz mit seiner »Du machst, was ich will«-Show in Ihr Unternehmen ein!

Anhand packender Geschichten aus dem Lobbyisten-Alltag und mit interaktiven Live-Experimenten stellt er die wirkungsvollsten Effekte aus der Psychologie vor. Unterhaltsam vermittelt er seinem Publikum die Fähigkeiten, mit denen Unternehmen noch erfolgreicher werden – und die jeder auch ganz privat nach Feierabend für sich nutzen kann.

Infos und Bewerbung unter **www.volkerkitz.com**.

Wie funktioniere ich?
Und all die anderen?

Dr. Volker Kitz, Dr. Manuel Tusch | **Psycho? Logisch!**
Nützliche Erkenntnisse der Alltagspsychologie
288 Seiten, ISBN 978-3-453-60179-6

Dr. Kitz & Dr. Tusch schildern nicht nur humorvoll, wie wir ticken, sondern erforschen auch die spannenden Ursachen für unsere inneren Regeln. Die Tricks der Alltagspsychologie können Sie täglich für sich nutzen und bekommen endlich gültige Antworten auf die ewigen Fragen des Lebens – wie zum Beispiel:

- Warum tun wir nicht, was wir sollen, und kriegen nicht, was wir wollen?
- Können Frauen wirklich nicht einparken und Männer wirklich nicht zuhören?
- Wie bekomme ich garantiert eine Gehaltserhöhung?

Leseprobe unter **www.heyne.de**